Die schönsten Weihnachtsgeschichten zum Vorlesen

Die schönsten Weihnachtsgeschichten zum Vorlesen

Herausgegeben von Barbara Cratzius

Illustrationen von Alex de Wolf

Loewe

Die Deutsche Bibliothek – CIP-Einheitsaufnahme

Die *schönsten Weihnachtsgeschichten zum Vorlesen* / hrsg. von Barbara Cratzius.
Ill. von Alex de Wolf.
– 1. Aufl. – Bindlach : Loewe, 1997
ISBN 3-7855-3090-0
NE: Cratzius, Barbara [Hrsg.]

Dieses Buch ist auf chlorfrei gebleichtem Papier gedruckt.

ISBN 3-7855-3090-0 – 1. Auflage 1997
© 1997 Loewe Verlag GmbH, Bindlach
Umschlagillustration: Alex de Wolf
Umschlagtypographie: Tobias Fahrenkamp
Satz: DTP im Verlag
Gesamtherstellung: Westermann Druck Zwickau GmbH
Printed in Germany

Inhalt

Eintritt verboten! Geheimnisvolle Weihnachtszeit

Ursel Scheffler
Der Stern von Knethlehem **10**

Margret Rettich
Die neugierige Geschichte **13**

Manfred Mai
Auf der Suche **17**

Lene Mayer-Skumanz
Weihnachtsgeschenke **22**

Barbara Cratzius
Ein Weihnachtsbäumchen mit Turnschuhen **25**

Tilde Michels
Als die Großmutter mit dem Nikolaus sprach **28**

Ursel Scheffler
Weihnachtsbrief an Oma **31**

Kirsten Boie
Weihnachtsgeheimnisse **36**

Der Weihnachtsmann hat viel zu tun ...

Karin Jäckel
Balduin Bär und der Weihnachtsmann **42**

Ingrid Uebe
Stefans Weihnachtswunsch **46**

Iskender Gider
Wir warten auf den Weihnachtsmann **50**

Gudrun Pausewang
Der Weihnachtsmann im Kittchen **54**

Ingrid Uebe
Das Lied der Krähen **56**

Helga R. Rossmeisl
Zu Weihnachten wünsche ich mir einen Weihnachtsmann **60**

Hisako Aoki
Die Weihnachtsgeschichte erzählt vom Weihnachtsmann **63**

Bald ist Weihnachten!

Anne Steinwart
Joscha wartet auf Schnee **68**

Ingrid Uebe
Noch ein bisschen Geduld! **71**

Renate Welsh
Lisa und ihr Tannenbaum **75**

Ursel Scheffler
Karolins Wunschzettel **78**

Manfred Mai
So viele Päckchen **81**

Barbara Cratzius
Von Apfelkern und Spinnwebstern **85**

Josef Carl Grund
Der Weihnachtswunsch **89**

Ursel Scheffler
Lena wartet aufs Christkind **91**

Von Engeln, Hirten und dem Kind in der Krippe

Margret Rettich
Die Engelgeschichte **96**

Kirsten Boie
Ein Geschenk für Mama und Papa **101**

Doris Jannausch
Engel ohne Flügel **107**

Elke Bräunling
Josef und der Muskelmann **112**

Sybil Gräfin Schönfeldt
Der Bäckerengel **115**

Barbara Cratzius
Im Stall soll's doch nicht stinken! **120**

Renate Schupp
Der Engel mit dem Gipsarm **121**

Quellenverzeichnis **126**

Eintritt verboten!
Geheimnisvolle Weihnachtszeit

Der Stern von Knetlehem

Tina, Nils und Niki sitzen auf der Eckbank um den großen Küchentisch und basteln Weihnachtssterne. Im Dezember ist es um fünf schon immer stockfinster. Da mag keiner mehr draußen sein. Dafür ist es in der Küche warm und gemütlich. Die Mutter wiegt die Zutaten für die Zimtsterne ab.

„Wisst ihr eigentlich, warum man an Weihnachten Sterne bäckt und bastelt?", fragt sie plötzlich.

„Weil man da an den Stern von Bethlehem denkt", sagt Nils. Er ist schon zehn und sie haben in der Schule ausführlich über die Weihnachtsgeschichte gesprochen.

„Weil der Stern von Bethlehem die Leute zum Christkind geführt hat. Deshalb hängt man Sterne an den Weihnachtsbaum", ergänzt Tina.

„Man kann auch an Sterntaler denken", sagt Niki. Er ist erst fünf. Die Geschichte von dem armen Mädchen im Schnee hat ihn sehr beeindruckt.

„Ach Niki! Du hast keine Ahnung von gar nix", sagt Tina. Sie ist nur zwei Jahre älter als Niki, aber kommt sich sieben Jahre gescheiter vor. „Ich will einen großen Stern für die Christbaumspitze machen." Sie sichert sich das Goldpapier.

„Ich mache einen Strohstern. Das ist am schwersten", sagt Nils.

„Ich mache einen Stern aus Knete", sagt Niki. „Knete ist viel schwerer als Stroh und Goldpapier."

Da hat er Recht. Außerdem knetet er für sein Leben gern.

Tina zeichnet ihren Stern vor und schneidet ihn dann aus.

Er hat fünf Zacken und einen goldenen Schweif. Nils bastelt mit viel Geduld einen großen Strohstern mit 32 Strahlen.

Nikis Stern verändert sich ständig. Er hat die goldgelbe Knete schon mehrfach ausgerollt. Aber die Zacken werden immer krumm und schief.

„Versuch es mit einer Plätzchenform", rät die Mutter. Sie holt den Sternausstecher aus dem Kühlschrank. Niki rollt die Knete noch mal aus. Dann sticht er den Stern aus.

„Der richtige Stern von Bethlehem hat einen Schweif. So wie meiner", sagt Tina.

Da rollt Niki die Knete noch mal aus. Er drückt das Förmchen nur ganz leicht auf. Dort wo der sechste Zacken ist, macht er mit dem Knetmesser für den Stern einen Schweif.

„Jetzt sieht er toll aus!", sagt Tina.

„Aber meiner kommt an die Christbaumspitze!", sagt Nils. „Der ist am größten."

„Meiner ist am schönsten", sagt Tina. „Er sieht wie der richtige Stern von Bethlehem aus."

„Nein meiner!", sagt Niki und versucht den Stern mit dem Messer von der Tischplatte abzulösen. Da geht er kaputt.

11

„Blöder Stern!", schimpft Niki. Ganz wütend ist er. Seine Augen funkeln vor Zorn.

„Das ist allerhöchstens der Stern von Knetlehem", spottet Nils mit einem verächtlichen Blick auf die gelbliche Kugel, zu der Niki den Stern in seiner Wut zusammengeballt hat.

Da heult Niki laut los.

„Aber Niki!", sagt die Mutter und nimmt ihn auf den Schoß. Sie sieht auf den gelben Knete-Kloß und sagt plötzlich: „Wisst ihr übrigens, dass Nikis Stern dem Stern von Bethlehem am allerähnlichsten ist?"

Erstaunt sehen Nils und Tina auf den nichtssagenden Kloß.

Niki hört auf zu heulen.

„Der Stern von Knetlehem?", fragt Nils ungläubig.

„Genau der", sagt die Mutter.

„Das versteh ich nicht", sagt Tina.

„In Wirklichkeit sind alle Sterne so rund wie Nikis Knödel. Sie haben weder fünf noch sechs Zacken. Sie sind so rund wie unsere Erde, die auch ein Stern ist."

„Ach, so meinst du das", sagt Tina.

„Kein Stern hat wirklich Zacken. Die Zacken der gemalten Sterne sollen nur das Strahlen, Funkeln und Leuchten andeuten", erklärt die Mutter.

„Da hast du Recht. Das hab ich mir noch nie überlegt", sagt Nils.

„Jetzt mach ich nur noch Knödelsterne. Das ist viel einfacher", brummt Tina.

„Aber nicht so hübsch", sagt die Mutter.

„Und ich bin der Erfinder vom *echtigen* Weihnachtsstern!", sagt Niki stolz.

Ursel Scheffler

Die neugierige Geschichte

Ein Mann, der selbst sehr neugierig war, hatte eine neugierige Frau.

Das war nicht weiter schlimm, nur in der Weihnachtszeit fielen sie sich damit gegenseitig auf die Nerven. Sie hatten eine kleine Wohnung: ein Zimmer, die Küche, die Dusche und dazu eine winzige Diele; da war nicht viel Platz um voreinander Weihnachtsgeschenke zu verstecken. Jeder wusste vom anderen, dass er vor Neugierde fast platzte und schon vorher versuchte das Geschenk zu finden.

Einmal, als der Mann von der Arbeit kam, ertappte er seine Frau, wie sie alle seine Anzüge aus dem Schrank geräumt und seine Hemden aus der Schublade gezogen hatte.

„Ach", sagte sie und bekam ein rotes Gesicht, „ich wollte nur etwas Ordnung schaffen", und sie stopfte alles wieder in den Schrank und die Schublade. Aber der Mann wusste, dass sie sein Weihnachtsgeschenk gesucht hatte.

Als die Frau vom Einkaufen nach Hause kam, fand sie ihren Mann unter den Betten.

„Ich wollte ein wenig sauber machen", sagte er und bekam rote Ohren.

„Mit den Händen?", fragte die Frau. Sie wusste, dass er nur gesucht hatte, wo sie ihr Geschenk versteckt hatte.

Sie führten keine anderen Gespräche mehr als:

„Was schenkst du mir? Bitte, verrate es, ich platze fast!"

„Was kriege ich von dir? Sag es mir oder ich komme um!"

So gern sie gewusst hätten, was sie geschenkt bekamen, so wenig verrieten sie, was sie schenkten, und so große Mühe gaben sie sich in der kleinen Wohnung ein Versteck zu finden, das der andere nicht vorzeitig entdeckte.

Als der Heilige Abend endlich gekommen war, konnten sie es schon am frühen Morgen nicht mehr aushalten. Die Frau sagte, sie sollten doch jetzt schon bescheren, schließlich sei den ganzen Tag Weihnachten. Das war dem Mann nur recht, auch er sah nicht ein, warum sie bis zum Abend warten sollten. Sie standen also auf um die Geschenke zu holen.

Der Mann ging ins Zimmer, die Frau lief in die Küche. In der Diele rannten sie sich fast um, denn die Frau wollte ins Zimmer und der Mann in die Dusche. Dann stießen sie gegeneinander, weil der Mann in die Küche lief und die Frau auch. Sie liefen hin und her und riefen sich nur manchmal zu: „Gleich ist es so weit!"

Aber es dauerte sehr lange: Sie hatten die Geschenke so gut versteckt, dass sie sie nun selbst nicht mehr fanden.

Der Mann rückte den Schrank von der Wand ab, die Frau hob die Matratzen aus dem Bettgestell. Er schraubte die Lampe ab; sie rollte den Teppich auf. Er montierte die Rückwand vom Radio ab; sie sah oben auf der Gardinenleiste nach.

„Ich finde es nicht mehr", rief sie endlich.

„Such weiter, ich bin so neugierig darauf", sagte der Mann und steckte seinen Kopf in die Backröhre.

„Wie ich auf deines", antwortete die Frau. „Wo hast du es?"

15

„Wenn du nicht immer danach gesucht hättest, hätte ich es nicht so gut versteckt", rief der Mann, „du bist schuld!"

„Und du bist schuld, dass ich mein Geschenk nicht mehr finde!", entgegnete sie. Aber weil Weihnachten war, wollten sie sich nicht zanken. Sie suchten lieber gemeinsam weiter. Schließlich waren die Schränke ausgeräumt, alle Kannen und Töpfe umgestülpt, in den Mänteln die Taschen nach außen gewendet und die Bilder von der Wand genommen. Sie hatten überall dreimal nachgesehen und sie hatten nichts gefunden.

„Dann sag mir wenigstens, was es ist", meinte die Frau. Aber das wollte der Mann nicht:

„Es ist dann keine Überraschung mehr."

„Sag mir, wie es aussieht!", drängelte sie. „Klein, groß, spitz oder rund?"

„Klein", sagte der Mann. „Und dein Geschenk?"

„Spitz", sagte die Frau.

Es wurde Abend. Die Wohnung war vollkommen durcheinander. Sie wollten Licht machen, da waren die Birnen herausgeschraubt. Sie wollten Essen machen und fanden die Teller nicht mehr. Sie wollten schlafen gehen und mussten die Kissen suchen.

„Ich kann nicht mehr", rief der Mann und ließ sich in den Sessel fallen. Aber weil der mit den Beinen nach oben stand, fuhr er sogleich wieder hoch. Er drehte ihn herum und zerstach sich dabei die Hand, denn er fasste an etwas Spitzes, das in der Polsterung steckte.

„Au", rief er und zog das Taschentuch aus der Hosentasche um es sich um den Finger zu wickeln. Dabei rollte etwas ganz Kleines auf den Boden.

Ob sie die Geschenke noch gefunden haben? Wer weiß!

Und was es war? Das geht nur die beiden an – wer wird denn so neugierig sein!

Margret Rettich

Auf der Suche

Tobias und Michael waren Zwillinge. Doch sie glichen sich keineswegs wie ein Ei dem anderen. Im Gegenteil: Sie waren sehr verschieden.

Tobias war ein stiller Junge. Oft saß er stundenlang im Kinderzimmer und bastelte, spielte oder las. Das fand Michael langweilig. Er war viel lieber draußen und heckte mit seinen Freunden tolle Streiche aus. Zu Hause blieb er nur, wenn es unbedingt sein musste.

Ausgerechnet kurz vor Weihnachten musste es wieder einmal unbedingt sein. Mutter ging mit Tobias zum Arzt. Danach wollte sie mit beiden in die Stadt fahren um für jeden einen Anorak zu kaufen. Michael sollte in der Zwischenzeit zu Hause warten. Normalerweise wäre er deswegen ziemlich sauer gewesen. Doch diesmal freute er sich. Denn nun konnte er sich in aller Ruhe auf die Suche nach den Weihnachtsgeschenken machen.

„Wo könnte Mama sie nur versteckt haben?", fragte sich Michael. Vielleicht auf dem Schrank im Schlafzimmer? Er holte die kleine Klappleiter und stieg hinauf. Geschenke entdeckte er zwar keine, aber dafür eine Schüssel mit Weihnachtsplätzchen. Sofort griff er hinein und schnappte sich eine Hand voll.

17

Während er Plätzchen mampfte, suchte er weiter nach den Geschenken. Und er fand sie tatsächlich. Im Besenschrank waren zwei Schachteln versteckt. Auf einer stand „Michael", auf der andern „Tobias".

Michael nahm seine Schachtel heraus und öffnete sie neugierig. Eine Luftpumpe für seinen Fußball lag drin und – Michael hüpfte vor Freude: ein funkferngesteuerter Rennwagen! Den hatte er sich schon so lange gewünscht! Michael nahm ihn in die Hand und betrachtete ihn von allen Seiten. Dann stellte er ihn auf den Boden, holte den Sender und ließ den Rennwagen fahren. Zuerst ganz langsam. Dann schneller und schneller.

Weil Michael noch keine Übung hatte, lenkte er im entscheidenden Moment in die falsche Richtung. Der Rennwagen steuerte nach rechts statt nach links und prallte mit voller Wucht gegen die Küchentür. Dabei brach das rechte Vorderrad ab.

Michael erschrak. Er kniete nieder und besah sich das Unglück. Tränen liefen ihm über die Wangen.

Plötzlich sprang er auf, lief zum Besenschrank und öffnete hastig die andere Schachtel. Ein Buch lag drin und auch ein Rennwagen. Den nahm er nun heraus und stellte ihn in seine Schachtel. Dann holte Michael Klebstoff, klebte das abgebrochene Rad wieder an und schob den Wagen vorsichtig in die Schachtel von Tobias. Zum Schluss stellte er alles wieder so hin, dass es aussah wie vorher.

An diesem Abend konnte Michael lange nicht einschlafen. Sobald er die Augen schloss, sah er das angeklebte Rad vor sich. Dabei klopfte sein Herz immer stärker und das Ameisengefühl im Bauch war kaum noch auszuhalten.

„Tobi", flüsterte er.

Tobias gab keine Antwort. Da stand Michael leise auf und schlich aus dem Zimmer.

Die Tür zum Wohnzimmer war nur angelehnt. Drinnen lief der Fernseher. Michael bückte sich und krabbelte auf allen vieren an der Tür vorbei. Gerade als er den Besenschrank öffnen wollte, kam die Mutter aus dem Wohnzimmer.

„Michael", sagte sie erstaunt. „Was machst du denn da?"

„Ich ... äh ... nichts", stotterte er. „Ich ... ich muss aufs Klo."

„Aufs Klo?", fragte die Mutter. „Dann bist da aber an der falschen Tür." Sie schüttelte den Kopf.

Michael sagte nichts mehr.

Er verschwand in Richtung Klo, setzte sich dort und wartete ein bisschen. Dann ließ er die Wasserspülung rauschen und ging wieder hinaus. Zum Glück stand Mutter nicht mehr draußen. Schnell lief er ins Kinderzimmer und schlüpfte in sein Bett.

„Morgen", sagte er zu sich selbst, „morgen tausche ich die Rennwagen wieder aus. Ganz bestimmt."

Am nächsten Tag konnte er in der Schule überhaupt nicht aufpassen und wurde von der Lehrerin geschimpft. Als die letzte Stunde zu Ende war, rannte Michael sofort nach Hause.

19

„Was ist denn mit dir los?", fragte Mutter überrascht. „Du kommst vor Tobias heim? Das hat es ja noch nie gegeben. Ist etwas passiert?"

„Nein", sagte Michael nur.

Mutter sah ihn fragend an. Und als Michael nach dem Mittagessen nicht wie sonst zu seinen Freunden ging, machte sie sich ernsthaft Sorgen. Sie legte Michael eine Hand auf die Stirn. „Hm, Fieber hast du nicht", sagte sie. „Aber irgendwas stimmt nicht mit dir. Das merke ich doch."

„In der Schule war er auch schon so komisch", sagte Tobias. „Frau Schneider hat ..."

„Halt die Klappe!", rief Michael und lief hinaus.

Im Kinderzimmer versetzte er der Legoburg einen Tritt, dass sie krachend auseinander flog. Dann warf er sich aufs Bett und heulte.

Wenig später kam Mutter und setzte sich zu ihm. „Was hast du denn? Willst du es mir nicht sagen?"

Michael rührte sich nicht.

„Hör mal, ich muss jetzt schnell den Papa abholen", sagte die Mutter. „Aber wenn ich zurück bin, reden wir mal in Ruhe miteinander." Sie strich Michael liebevoll über den Kopf. Dann stand sie auf und ging hinaus.

Michael drehte sich um und wischte sich die Tränen weg. Er horchte, bis die Wohnungstür ins Schloss fiel.

Leise schlich er durch den Flur. Vor dem Wohnzimmer blieb er stehen und schaute kurz hinein. Tobias saß am Tisch und machte Hausaufgaben. Er bemerkte Michael gar nicht. Der lief schnell zum Besenschrank und riss die Tür auf.

Aber was war das? Er traute seinen Augen nicht. Die Schachteln mit den Geschenken waren verschwunden!

Michael stand eine ganze Weile wie benommen vor dem Schrank. Dann fing sein Gehirn wieder an zu arbeiten. Was soll ich jetzt machen?, fragte er sich. Die Geschenke suchen? Einen neuen Rennwagen kaufen? Alles gestehen? Oder lieber nichts sagen?

Michael schlich zurück ins Kinderzimmer und dachte lange nach. Dann wusste er, was er zu tun hatte ...

Manfred Mai

Weihnachtsgeschenke

„Es ist jeden Advent dasselbe", sagt Susi zu Fritz. „Ich zeichne
für meine Eltern und für alle Onkeln und Tanten und für die beiden Omamas Weihnachtsbilder. Die Krippe mit dem Jesuskind.
Die Hirten mit den Schafen. Den Engel mit Flügeln über das
ganze Zeichenblatt und mit einer Sprechblase vor dem Mund:
Freut euch! Ich freu mich auch! – Jedes Jahr dasselbe. Wenigstens
meinen Eltern möcht ich einmal was anderes schenken!"

„Du zeichnest wirklich schön", sagt Fritz neidvoll. „Aber natürlich könntest du ihnen zur Abwechslung etwas häkeln. Topflappen
oder so."

„Du ahnst nicht, wie ich häkle", sagt Susi traurig. „Ich bin ein
Häkelantitalent. Ich müsste dazuschreiben: Dieses Werkstück ist
ein Topflappen."

„Aha", sagt Fritz. „Dann mach ihnen Nusskugeln."

„Das wär eine Idee", sagt Susi. „Nusskugeln. Ich hab noch nie
welche gemacht. Wie macht man die?"

„Total einfach", sagt Fritz. „Zehn Deka Staubzucker, zehn Deka
geriebene Haselnüsse, ein Esslöffel Rum, ein kleiner Eidotter. Alles zusammen in einer Schüssel fest abkneten, kleine Kugeln for-
men, in Schokoladenguss tauchen, trocknen lassen, gut verstecken. Fertig!"

„Ich bin überrascht, aber wirklich", sagt Susi. „Du kannst das
Rezept auswendig!"

„Ich mach auch seit mindestens hundert Jahren für die ganze
Verwandtschaft Nusskugeln als Weihnachtsgeschenk", sagt Fritz.
„Ich würde meinen Eltern auch gern einmal etwas anderes schen-
ken –"

Susi schaut Fritz an. „Du, mir fällt da was ein!"

Fritz starrt Susi an. „Mir ist auch grad was eingefallen!"

„Würden deine Eltern Hirten mit Schafen mögen?", fragt Susi.

„Bestimmt", sagt Fritz. „Würden deine Eltern Nusskugeln mögen?"

„Und ob", sagt Susi. „Auch ich mag Nusskugeln."

Sie beschließen, dass Susi ein Hirten-Schafe-Bild mehr zeichnen wird. Fritz wird dafür eine Portion Nusskugeln mehr erzeugen.

„Abgemacht?"

„Abgemacht!"

Am vierten Adventssonntag geht Susi zu Fritz. Sie bringt ihm das Weihnachtsbild. Es ist sehr schön geworden. Ein goldgeflügelter Engel bringt den Hirten die Botschaft von der Geburt des Jesuskindes. Die Hirten lachen, sie freuen sich. Auch manche Schafe lachen.

„Echt toll", sagt Fritz. „Nur die Schafe kommen mir ein bisschen nackig vor."

„Sie sind nackig", sagt Susi. „Ich hab sie extra so gelassen, dass du auch was zeichnen kannst. Zeichne ihnen die Locken in das Fell, schau, so –" Sie zeichnet ein paar Kringel auf einen Notizblock.

„Das könnte ich zusammenbringen", sagt Fritz. „Danke, dass du die Schafe nackig gelassen hast –"

Er führt Susi in die Küche. „Ich bin gerade bei deiner Portion Nusskugeln. Ich muss sie nur noch tunken."

„Kann ich auch etwas bei den Nusskugeln tun?", fragt Susi.

Fritz zeigt ihr, wie man die Kugeln in die noch warme Schokoladensoße tunkt, ganz vorsichtig, mit zwei Zahnstochern, und wie man sie dann auf das Brett setzt, damit sie trocknen können. Susi plagt sich mit einer Kugel, während Fritz drei Kugeln tunkt.

„Ich weiß was anderes", brummt Fritz. „Da ist ein bunter Zuckerstreusel, den streu auf die Kugeln, so hast du auch was dran getan."

„Streusel streuen ist für mich so leicht wie für dich Locken in das Schaffell zeichnen", sagt Susi vergnügt.

Am Weihnachtsabend ist Susi sehr aufgeregt. Werden sich die Eltern über die Nusskugeln freuen?

„Nicht möglich, Nusskugeln von der Susi", sagt der Vater.

„Keine Zeichnung?", fragt die Mutter überrascht. Aber Susi hat sowieso auch eine Zeichnung gemacht, das Jesuskind in der Krippe, auf jeden Fall. „Köstlich", sagt der Vater. „Wieso denn auf einmal Nusskugeln?"

„Ich hab sie mir hart erarbeitet", sagt Susi. „Wie findest du den bunten Streusel drauf?"

Auch Fritz ist an diesem Heiligen Abend sehr aufgeregt. Was werden seine Eltern zu dem Hirtenbild sagen? Vorsichts- und sicherheitshalber hat er noch eine extragroße Portion Nusskugeln vorbereitet.

„Eine Zeichnung!", sagt die Mutter ganz erstaunt.

„Von unserem Fritz!"

„Keine Kugeln?", fragt der Vater. „Ja, wieso bist du denn auf einmal unter die Zeichner gegangen? So ein schönes Bild!"

„Ich bin nicht direkt unter die Zeichner gegangen", brummt Fritz. „Aber diese Zeichnung habe ich mir ehrlich erarbeitet –"

Die Mutter betrachtet die Zeichnung lang und aufmerksam. Sie lächelt und sagt: „Weißt du, was mir besonders gefällt? Die süßen Kringellocken im Fell der Schafe –"

Lene Mayer-Skumanz

Ein Weihnachtsbäumchen mit Turnschuhen

Simon liegt auf der Matte in der Turnhalle. Er kann das rechte Bein nicht mehr bewegen. Das Knie ist dick angeschwollen und tut höllisch weh. Gerade als er das dritte Tor werfen wollte, ist es passiert. Ganz hoch ist er gesprungen – und dabei mit dem Stürmer von der Parallelklasse zusammengeknallt. Entsetzt sind die Kinder, die auf den Bänken saßen, hergelaufen.

Simon hat gerade noch bemerkt, dass Denis und Tanja sich über ihn gebeugt haben. Dann ist er ohnmächtig geworden. Erst im Krankenhaus ist er wieder aufgewacht.

25

Er guckt sich um. Kahl und weiß sind die Wände.

„Na, ausgeschlafen?", hört er eine freundliche Stimme. Eine Krankenschwester steht an seinem Bett. „Das ist ja gerade noch mal gut gegangen!", sagt sie. „Tut der Kopf noch sehr weh?"

Simon befühlt seinen Kopfverband. Das rechte Bein kann er nicht bewegen. Er tastet nach unten. Ein dicker Gips, vom Knie bis zu den Zehen!

„Eine Gemeinheit ist das!", stößt er hervor. „Ausgerechnet drei Tage vor Weihnachten muss das passieren! Wo wir doch in die Berge fahren wollten. Und ich sollte Skilaufen lernen."

„Kannst du später immer noch", sagt die Krankenschwester. „Und Besuch hast du auch schon gehabt. Papa und Mama kommen nachher wieder. Und deine ganze Korbballmannschaft habe ich für morgen bestellt. Heute sollst du Ruhe haben."

Simon freut sich auf Papa und Mama. Aber fast noch mehr freut er sich auf seine Freunde. Er muss doch wissen, wie das Spiel ausgegangen ist.

Am nächsten Tag schieben sie sich ins Krankenzimmer hinein: die von der Korbballmannschaft und Tanja und Sabine.

Vorsichtig tragen sie einen kleinen Tannenbaum in einem Tontopf herein. Simon macht große Augen. Mann, wie der geschmückt ist! Mit lauter Minikerzen und an den Zweigen hängen viele bunte Bälle aus Schokolade. Sogar zwei Korbballnetze, silbern und golden übersprüht, und kleine Turnschuhe, sauber ausgesägt und angemalt, baumeln an den Zweigen.

„Damit du Lust aufs nächste Spiel kriegst und bald wieder gesund wirst!", meint Robert, der Klassensprecher.

Simon schlägt die Bettdecke zurück. „Guckt mal, das kann noch eine Weile dauern. Alles eingegipst", sagt er traurig.

„So ein dicker Gips! Das sieht ja toll aus", ruft Dennis.

Tanja streicht ganz zart über das Gipsbein. „Tut das sehr weh?", fragt sie und guckt ihn an.

Simon schluckt. „Nicht der Rede wert", sagt er dann schnell, „ein alter Indianer muss das ertragen können, hugh!"

„Gute Idee!", ruft Robert, „ich mal dir gleich einen Tomahawk auf deinen Gips. Und Indianerfedern."

„Hier liegen genug Buntstifte", sagt Simon. „Nur zu."

Nun haben auch die anderen Kinder ihre Malkünste entdeckt. Piraten, Segelschiffe, ein altes Schloss mit Schlossgespenstern und drei Dinos entstehen nach und nach auf dem Gipsbein.

Simon hat sich zurückgelegt. Er kann noch nicht so lange aufsitzen. Ganz müde wird er auf einmal.

„Ich guck mir nachher alles an. Vielen Dank", sagt er schläfrig.

„Besuchszeit zu Ende!", bestimmt die Schwester.

Später schaut sich Simon sein Gipsbein an. Ganz unten neben der Ritterburg entdeckt er ein kleines rotes Herz. „Gute Besserung! Deine Tanja", steht da.

Darüber freut er sich am meisten.

Barbara Cratzius

Als die Großmutter mit dem Nikolaus sprach

Regelmäßig Anfang Dezember kam die Großmutter angereist; sie verbrachte die Wintermonate bei ihren Kindern in der Stadt. Mit ihrer Ankunft begann für die kleine Rieke die Weihnachtszeit.

Keiner hatte so viel Zeit wie Großmutter und keiner konnte so herrlich spielen. Riekes Lieblingsspiel war: Wir reisen nach Bethlehem. Das ging über viele, viele Tage. Zuerst wurde die Ausrüstung besprochen und zusammengestellt. Da war nichts im Hause vor den beiden Reisenden sicher. Sie brauchten alte Betttücher aus der Flickenkiste für ihr Zelt, in dem sie schlafen wollten. Sie packten Winter- und Sommersachen ein, denn in Deutschland war es kalt, aber später im Heiligen Land wurde es doch sehr warm. Aus Kisten und Kartons zimmerten sie ein Schiff, mit dem sie über das Mittelländische Meer segeln konnten, und aus Stühlen und Decken machten sie Lasttiere für das Gepäck und zum Reiten.

In dieser Zeit durfte in Riekes Zimmer nicht aufgeräumt werden und der Vater suchte beständig sein Handwerkszeug. Einmal fehlte sogar ein Autoschlauch aus der Garage, weil er dringend gebraucht wurde als Wasserbehälter beim Durchqueren Nordafrikas. Auch Geschenke für das Jesuskind wurden eingepackt und nach einer abenteuerlichen Reise kamen sie jedes Mal wohlbehalten in Bethlehem an. Und das war immer genau am 24. Dezember.

Auch sonst geschahen oft geheimnisvolle Dinge, wenn die Großmutter da war. Einmal fand Rieke Goldstaub auf ihrem Kopfkissen, der nur von einem Engelsflügel stammen konnte, und eines Morgens hing ein Stern an einem langen Seidenfaden von der Decke herab. Niemand wusste, wer ihn aufgehängt hatte. Auch wie das winzige Engelchen in der Nussschale in Riekes Waschlappen gekommen war, konnte keiner erklären. Das Wunderbarste aber war Großmutters Bekanntschaft mit dem heiligen Nikolaus.

Sie kannte ihn wirklich, daran war nicht zu zweifeln. Rieke hatte selbst erlebt, wie er mit ihr sprach – an jenem Nachmittag im Stadtpark, als Rieke ziemlich ungezogen war.

„Nein!", hatte Rieke gesagt, ganz patzig hatte sie „nein" gesagt, und dabei wollte die Großmutter nur einen dürren Ast mit nach Hause nehmen, der auf dem Weg lag. Die Großmutter stammte noch aus jener Zeit, als die Leute viel sparsamer waren, und sie konnte es nicht sehen, wenn ein Stück Holz verfaulte, das man doch in den Ofen stecken konnte.

„Heb es auf", bat sie, aber Rieke erklärte: „Wir schleppen kein Holz nach Hause, bei uns bringt das der Kohlenmann."

Noch nie hatte Rieke so schnippisch mit ihrer Großmutter gesprochen und wenn sie später daran dachte, wusste sie auch, dass sie das nur der fremden Leute wegen gesagt hatte, die vorübergingen. Die sollten nicht glauben, sie müssten ihr Holz selber sammeln!

Die Großmutter war zögernd stehen geblieben, und während sie noch überlegte, was sie tun sollte, trat ein großer, sehr würdiger

29

Mann auf sie zu. Rieke sah seinen wallenden, weißen Bart und zwei blitzende Augen, die ihr bis ins Herz zu dringen schienen. Der Fremde bückte sich, hob das Holz von der Erde auf und reichte es der Großmutter: „Bitte sehr, meine verehrte, gnädige Frau", sagte er mit einer leichten Verbeugung und seine Stimme klang tief und voll wie hundert Glocken.

Rieke zuckte zusammen: Diese Stimme, diese Augen, dieser lange, weiße Bart! – das konnte nur der Nikolaus sein, ganz bestimmt war das der heilige Nikolaus. – „Meine verehrte, gnädige Frau" hatte er zur Großmutter gesagt und sie hatte ihm lächelnd gedankt.

Rieke wagte nicht mehr zu ihm aufzuschauen. Sie stolperte wie im Traum nach Hause und sie musste immerzu denken: Er hat alles gesehen, jetzt weiß er, wie bös ich oft bin. Und sie schämte sich sehr vor dem Nikolaus und vor der Großmutter.

Unter der Eingangstür drückte sie ihr Gesicht in Großmutters Mantelfalten und schluchzte: „Großmutter, liebe, liebe Großmutter." Da strich ihr die Großmutter übers Haar und sagte: „Dumme kleine Rieke." Und Rieke wusste, dass sie ihr nicht mehr böse war.

Tilde Michels

Weihnachtsbrief an Oma

„Jenny, vergesst nicht den Brief an Oma zu schreiben!", ruft die Mutter, während sie den Mantel anzieht.

„Was sollen wir denn schreiben?", fragt Jenny.

„Na, dass ihr euch freut, dass sie zu Weihnachten kommt und so weiter."

„Ich schreibe nie Briefe. Höchstens Postkarten", murmelt Jonas.

„Ich kann doch nicht schreiben", mault Felix.

„Dann malst du eben was", sagt die Mutter. „Euch wird schon was einfallen!"

Sie greift nach dem langen Einkaufszettel und schiebt ihn in die Manteltasche. Klapp! Schon fällt die Tür hinter ihr ins Schloss.

Die Mutter hat Recht. Jonas, Jenny und Felix fällt eine ganze Menge ein! Sie spielen U-Boot unterm Tisch. Sie springen vom Sofa ins Meer. Sie binden ein Tischtuch an den Schrubber und bauen ein Segel. Dann klingelt es. Es sind Peter und Kitty, die

31

Nachbarskinder. Sie kommen gerade im richtigen Moment: Jonas, Jenny und Felix brauchen dringend Ruderer für die Rettungsboote. Kurz darauf verkleiden sich alle als Piraten. Bald tobt im Bad eine gefährliche Wasserschlacht. Felix heult, weil Kitty gemeinerweise mit Seifenwasser spritzt. Er möchte lieber Cowboy und Indianer spielen. Das ist wenigstens ein trockenes Spiel.

Basti, der Rauhaardackel, ist das wilde Pony, das mit dem Lasso eingefangen werden muss. Als das wilde Pony unterm Sofa liegt und nicht mehr hervorzubewegen ist, fällt Jenny wieder der Brief an Oma ein.

Da ist es schon halb vier.

„Was schreiben wir bloß?", jammert Jenny und kaut an ihrem Bleistift.

Felix lässt auf der großen Wasserlache im Bad Papierschiffchen schwimmen und sagt gar nichts.

„Fang mit dem Datum an!", rät Peter.

Jonas schreibt das Datum und gibt den Brief an Jenny weiter.

„Ich fange den Brief an meine Oma immer so an", sagt Kitty:

„Liebe Oma, wie geht es dir? Mir geht es gut. Vielen Dank für deinen letzten Brief."

„Das ist doof. Unsere Oma hat so lange nicht geschrieben", sagt Jenny.

„Dann schreib, dass es schneit!", meint Kitty.

Jenny schreibt, dass es schneit und dass sie sich freut, wenn Oma an Weihnachten kommt.

„Sind schon fünf Zeilen!", sagt Peter bewundernd. Da kommt Felix aus dem nassen Badezimmer angepatscht.

„Jetzt komm ich dran", sagt er und grapscht nach dem Bleistift. Er kritzelt drauflos.

„Mal nicht in meine Zeilen!", warnt Jenny.

„Das kann doch kein Mensch lesen!", meint Peter.

„Kann Oma wohl lesen. Oma kann immer lesen, was ich

schreib", sagt Felix. Er malt noch einen Tannenbaum und ein Auto, das wie ein Frosch aussieht. Dann schiebt er Jenny den Bogen wieder hin.

„Die Seite ist halb voll", sagt Jenny.

„Macht doch nichts. Ihr müsst bloß noch ‚Viele Grüße‘ und eine große Unterschrift schreiben", schlägt Kitty vor.

Jonas schreibt: ‚Viele Grüße, dein Jonas.‘

Dann unterschreibt auch Jenny und sagt:

„Bestimmt kommt Mama gleich. Ich geh schnell ins Bad und wisch die Pfütze auf."

Als Felix unterschrieben hat, ist die Seite immer noch nicht voll. Eine volle Seite sollte man Oma schon schreiben, findet Jenny. Das hat sie verdient. Oma freut sich immer so über Post. Kitty und Peter wollen auch unterschreiben. Das füllt die Seite.

„Meinetwegen", sagt Jonas. Aber Jenny hat was dagegen:

„Nein, das ist unsere Oma. Ihr gehört doch nicht zur Familie!"

Plötzlich hat Jonas eine verrückte Idee. Wasti soll noch unterschreiben. Der gehört schließlich zur Familie, oder nicht?

„Euer Hund kann doch nicht schreiben!", sagt Peter.

„Du wirst dich wundern!", sagt Jonas.

Mit einem Hundekuchen gelingt es ihm, Wasti unter dem Sofa hervorzulocken.

„Wasti kann nicht mal malen!", brummt Felix.

„Denkste. Er kann einen Pfotenabdruck machen. Den kann Oma genauso lesen wie dein Gekritzel!", behauptet Jonas und holt geschäftig das Glas mit der roten Fingerfarbe. Er kleckst etwas davon auf einen Kaffeeteller und vermischt es mit Wasser. Mit List und drei Hundekuchen gelingt es ihm, Wastis rechte Vorderpfote in den Kaffeeteller zu stippen und auf den Briefbogen zu drücken. Es klappt! Das Papier ist voll. Es sieht sehr hübsch aus. „Ich will auch einen Pfotenabdruck machen!", sagt Felix und patscht mit der Hand in den Teller.

„Vorsicht! Du verdirbst sonst alles!", ruft Jonas erschrocken und dreht das Blatt um.

„Mach ihn auf die Rückseite."

Es klingelt. Jonas läuft zur Tür.

„Mama!", ruft Felix.

Wasti reißt sich los um die Mutter zu begrüßen. Er springt an ihrem hellen Wintermantel hoch. Der bekommt rote Tapser. Genau wie der Teppichboden. Felix stützt sich beim Aufstehen mit der feuchten roten Hand an der Tapete ab und sagt stolz:

„Gerade sind wir fertig mit dem Brief. Und alles ist ganz voll!"

„Das sehe ich!", stöhnt Mama und sinkt auf einen Stuhl. „Könnt ihr mir das erklären?" Wortlos starrt sie auf die leuchtend rote Spur, die von der Haustür den Flur entlang bis ins Schlafzimmer führt. An der Schlafzimmertür taucht jetzt Wasti auf. Er hat zur Begrüßung Papas Pantoffel geholt. Das macht er immer, wenn jemand heimkommt. Jetzt leuchtet im Flur eine rote Doppelspur. An ihrem Ende steht Wasti. Er hat den Pantoffel in der Schnauze, wedelt mit dem Schwanz und sieht die Mutter erwartungsvoll an. Doch keiner lobt ihn. Er versteht die ganze Aufregung nicht. Und die Mutter versteht auch nicht, wie das alles gekommen ist. Deshalb hat ihr Jenny endlich alles erklärt.

Übrigens: die Großmutter hat sich über den Brief sehr gefreut. Das hat sie an Weihnachten allen erzählt.

Ursel Scheffler

Weihnachtsgeheimnisse

Eine Woche vor Weihnachten ist plötzlich die Schlafzimmertür abgeschlossen, als Jesper mittags aus der Schule nach Hause kommt.

„Das war sie ja vorhin schon!", sagt Janna und rüttelt an der Klinke. „Als Mama mich vom Kindergarten abgeholt hat!"

Heute ist Mittwoch und da kommt immer Jannas Freundin Sarah-Lisa gleich nach dem Kindergarten mit nach Hause. Sarah-Lisa rüttelt auch.

„Ich glaube, da sind Weihnachtsgeschenke drin", sagt Jesper und versucht durchs Schlüsselloch zu gucken. „Jawohl."

„Weihnachtsgeschenke?", sagt Janna. „In unserem Schlafzimmer? Du bist ja blöde! Die hat doch der Weihnachtsmann!"
Und dann rennt sie ganz schnell in die Küche, um
Mama zu fragen.

Mama teilt gerade das Mittagessen für die Kinder in vier ganz genau gleiche Portionen.

„Tja, also das Schlafzimmer ...", sagt Mama zu Janna und Jesper wirft ihr über Jannas Kopf wieder einen von diesen Blicken zu. „Also, da hat der Jesper mal Recht. Da sind nämlich Weihnachtsgeheimnisse drin. Vom Weihnachtsmann. Und der hat mich gefragt, ob er das bei uns abladen darf."

„Der Weihnachtsmann?", fragt Janna ungläubig. „In unserem Schlafzimmer? Wo der doch bei sich so viel Platz hat? Da braucht der doch unser Schlafzimmer nicht!"

Jesper kichert, aber dann hört er gleich wieder auf.

„Das weiß ich nun auch nicht", sagt Mama energisch. „Aber jedenfalls hat er mich gefragt, da mochte ich ihm das nicht abschlagen. Und nun steht unser Schlafzimmer voll."

Sie nimmt zwei Teller von der Arbeitsplatte und stellt sie auf den Küchentisch. „Und jetzt wird gegessen!", sagt Mama. „Sonst wird das Essen noch kalt."

Beim Essen reden Janna und Sarah-Lisa die ganze Zeit vom Weihnachtsmann. Sarah-Lisa ist noch nicht mal fünf, da ist das ja kein Wunder.

„Mir bringt der auch 'ne Barbie", sagt Sarah-Lisa und versucht die Erbsen ohne Finger auf ihren Löffel zu kriegen. „Mhm, ja, das tut der."

„Mhm, das tut der", sagt Janna, und weil sie ja zu Hause ist, steckt sie ein paar Erbsen mit den Fingern in den Mund. „Und dann haben wir beide eine, nicht, Sarah-Lisa? Aber jetzt ist deine vielleicht noch in Lappland beim Weihnachtsmann. Und meine ist ja schon hier."

„Ist meine gar nicht!", sagt Sarah-Lisa und jetzt vergisst sie auch, dass sie nur zu Besuch ist, und greift nach ihrem letzten Fischstäbchen. „Im Himmel ist die! Wo der Weihnachtsmann wohnt! Mit den Engeln!"

Aber Janna ist ja schon fünf und darum weiß sie das besser. „Nein, in Lappland, du, Sarah-Lisa", sagt sie energisch. „Da wohnt ja der Weihnachtsmann. Mit seinen Wichteln."

„Wohnt der gar nicht!", ruft Sarah-Lisa. „Der wohnt im Himmel! Bei den Engeln!"

„Dummes Kind!", sagt Janna. Jetzt ist sie richtig aufgebracht. Wenn eine erst vier ist, braucht sie gar nicht so zu tun. „Der wohnt in Lappland! Bei den Wichteln! Das weiß doch jeder! Da kannst du ja Jesper mal fragen. Nicht, Jesper, wohnt der doch?"

Jesper hat seinen Teller fast leer.

„Jaja, in Lappland, hm, ja", sagt Jesper und kichert. „Da wohnt der, hm, ja", und er versucht wieder, Mama zuzuzwinkern, aber die steht an der Spüle und mischt sich nicht ein.

„Kannst du ja gar nicht wissen!", schreit Sarah-Lisa. „Meine Mutter weiß das viel besser! Im Himmel wohnt der Weihnachtsmann, das sagt meine Mutter, und die ist schon alt!"

„Meine Mutter ist auch alt!", schreit Janna. „Oder, Mama?"

An der Spüle dreht Mama sich ganz langsam um.

„Na ja, so ganz alt ...", sagt sie zögernd. „Aber so alt wie Sarah-Lisas Mutter bin ich wohl auch, ja, das schon", und sie will weiter ihre Töpfe waschen.

Aber das lässt Janna nicht zu. „Und wo wohnt er jetzt, Mama?", schreit sie. „Im Himmel oder in Lappland?"

38

Da fängt Sarah-Lisa wirklich an zu weinen. „Im Himmel", schluchzt sie. „Im Himmel bei den Engeln, sonst lad ich dich nicht zu meinem Geburtstag ein!"

Da kommt Mama von der Spüle. Sie trocknet sich die Hände am Küchenhandtuch ab und dann nimmt sie Sarah-Lisa in den Arm und sagt, dass das ja gar keiner entscheiden kann, weil doch noch niemand das Haus vom Weihnachtsmann gesehen hat. „Aber ich könnte mir vorstellen", sagt Mama, „dass er im Himmel und in Lappland wohnt, versteht ihr? So wie Lüdemanns aus dem zweiten Stock. Die wohnen doch auch mal hier und mal in ihrem Wochenendhaus in der Heide. Vielleicht macht das der Weihnachtsmann auch." Und Mama geht zur Spüle.

39

„Und im Sommer macht er Ferien auf Mallorca!", schreit Jesper und jetzt muss er so lachen, dass er fast mit seinem Stuhl umkippt. „Da zieht er sich die Badehose an!"

Aber Sarah-Lisa und Janna gucken gar nicht zu ihm hin und zum Nachtisch kriegt jeder ein Eis. Da vertragen die Mädchen sich wieder.

Kirsten Boie

Der Weihnachtsmann
hat viel zu tun ...

Balduin Bär und der Weihnachtsmann

Der Herbstwind fegte die letzten Blätter von den Bäumen. Balduin Bär hob die Nase. Er schnupperte. Roch es nicht schon nach Schnee?

„Zeit", brummt er und kratzte sich am Ohr, „Zeit, in die warme Höhle zu kriechen und Winterschlaf zu halten."

„Willst du wirklich Weihnachten einfach verschlafen?", fragte Schlaumi, der Fuchs, der sich gern in Balduins Nähe herumtrieb. Vor den breiten Tatzen war schon so manches kleine Tier erschrocken aufgestoben und direkt in Schlaumis Fängen gelandet.

„Im Winter gibt's nichts Besseres als Schlafen." Balduin betastete wohlgefällig die Speckpolster an seinem Bauch. „Unsereiner hat's nicht nötig, in Eis und Schnee herumzulungern und lahme Mäuse zu jagen, so wie du."

Schlaumi Fuchs verzog die spitze Schnauze. „Schnarch du nur“, sagte er. „Ich friere lieber ein bisschen und freu mich dafür auf den Weihnachtsmann.“

Balduin Bär wurde plötzlich sehr nachdenklich. Wenn Schlaumi Fuchs lieber hungern und frieren wollte, als den Weihnachtsmann zu versäumen, musste der wirklich etwas Besonderes sein.

„Wie wär's, wenn du mich wecken würdest?“, meinte er schließlich. „In meiner Höhle ist Platz für zwei. Und wärmen könntest du dich manchmal auch an mir.“

Schlaumi tat, als müsse er sich die Sache gut überlegen, aber in Wirklichkeit hätte er am liebsten Löcher in die Luft gesprungen. Sein Bau war nämlich gerade heute vom Förster ausgeräuchert worden. Da kam die Aussicht auf ein warmes Lager bei Balduin Bär genau richtig.

„Nun“, sagte er nach einer Weile, „das lässt sich wohl machen. Aber hast du denn auch etwas Leckeres im Haus, wenn der Weihnachtsmann kommt?“

Balduin Bär setzte sich verwundert auf den Stummelschwanz.

„Braucht man das etwa?“

Schlaumi grinste. „Wer ist das?“, fragte er und brachte sich vorsichtshalber mit einen Sprung in Sicherheit:

„Im Kopf leer,

im Ranzen schwer.

– Balduin Bär!“

„Sag das noch mal!“, knurrte Balduin, doch Schlaumi hatte keine Lust zu streiten.

„Du wirst doch wohl einen Scherz vertragen“, lachte Schlaumi und schlug sich die Zunge ums Maul. „Dass gutes Essen an Weihnachten am wichtigsten ist, weiß doch die ganze Welt.“

Balduin schnaufte. „Das ist nicht so einfach“, überlegte er. „Bären legen nun mal keine Vorräte an.“

„Vielleicht solltest du eine Ausnahme machen, alter Freund“, meinte Schlaumi. „Ich würde dir sogar helfen. Weihnachten ist schließlich das Fest der Liebe.“

Balduin war gerührt.

„Wie konnte ich dir bisher nur immer unrecht tun, lieber Fuchs“, brummte er. „Nie hätte ich gedacht, was für ein braver Kerl du bist!“

„Mag der Weihnachtsmann Fisch?“, fragte er dann, nachdem er sich etwas beruhigt hatte.

„Oh, natürlich!“, erwiderte Schlaumi. „Er ist sehr bescheiden.“

Da gingen Bär und Fuchs also auf die Jagd. Balduin fing Forellen im Bergbach, darin war er nämlich Meister. So lange stand er im Wasser, bis seine Füße voll Eiszapfen hingen.

Schlaumi aber trug die Beute in die Höhle und legte sie auf Eis, das er in einer Seitenkammer entdeckt hatte.

„Wird es genug sein?", fragte Balduin eines Tages, als er vor Müdigkeit kaum noch stehen konnte.

„Lass gut sein, alter Freund", nickte Schlaumi. „Ich bin ja auch noch da, und wenn du schnarchst, werde ich mich auf die Socken machen."

„Ich verlass mich auf dich", brummte Balduin erleichtert. Und müde, wie er war, trottete er zu Bett.

Die Wochen vergingen und es wurde still im Wald. Eines Nachmittags fiel der erste Schnee. Zuerst wie Puderzucker nur, dann immer dichter. Bald lag der Wald unter einer dicken Schneedecke. Sogar der Eingang zur Bärenhöhle war darunter versteckt.

Balduin Bär merkte nichts davon. Schlaumi hatte es sich indessen in der Bärenhöhle wohl sein lassen.

Zuerst hatte er die Mäuse gefressen, die sich dort unvorsichtig eingenistet hatten. Auch ein paar Kaninchen hatte er erwischt, ehe es sich herumgesprochen hatte, wer da bei Balduin Bär eingezogen war. Zuletzt war ihm noch ein flügellahmer Fasan vor die Fänge gelaufen, der im Schutz der Höhle rasten wollte. Doch als der Schnee die Bärenhöhle unter sich begrub, sodass niemand mehr hinaus- und hereinkonnte, begann Schlaumi die Forellen des Weihnachtsmanns zu kosten.

Tag für Tag machte er sich darüber her und nagte das köstliche Fleisch von den Gräten. Die aber hängte er hinterher, eine um die andere, in eine kleine Tanne, die unter einem Lichtschacht im Höhlenzimmer wuchs.

Der Forellenberg schrumpfte und bald begann auch das Wasser der Schneeschmelze zu tropfen. Und eines Morgens rieb Balduin Bär sich gähnend die Augen klar.

„Ist schon Weihnachten?", fragte er und sah sich erwartungsvoll um.

„Weihnachten?", lachte Schlaumi, der Fuchs, der gerade noch unbemerkt die letzte Forelle vertilgt hatte. „Du bist mir der Rechte! Der Weihnachtsmann war längst da. Deine Fische haben ihm prächtig geschmeckt. Wie gern hätte er dich begrüßt und mit dir gefeiert! Aber du Faulpelz warst nicht aufzuwecken. Schau her, der Weihnachtsbaum steht noch da für dich." Und dabei wies er auf den grätengeschmückten Tannenbaum.

Balduin riss die Augen auf.

„Oh", seufzte er, „wie gut muss er sein, der Weihnachtsmann, dass er so an mich gedacht hat. Nächstes Jahr musst du mir wieder helfen, Freund Schlaumi. Du glaubst doch, dass er noch einmal zu mir kommt?"

„Und ob!", sagte Schlaumi, der Fuchs. „Du musst nur rechtzeitig um Hilfe fragen."

Karin Jäckel

Stefans Weihnachtswunsch

Dies ist ein trauriger Winter. Seit Oktober ist Papa arbeitslos. Tag für Tag sitzt er zu Hause und grübelt. Er sagt: „Ich werde nicht mehr gebraucht." Oder: „Ich tauge nichts mehr."

Mama schüttelt heftig den Kopf und sagt: „Du darfst die Hoffnung einfach nicht aufgeben!" Oder: „Es kommen bestimmt wieder bessere Zeiten."

Stefan sagt gar nichts. Er weiß nicht, was er sagen soll. Aber er grübelt wie Papa und hofft wie Mama. Zu Hause ist jetzt alles anders. Sie haben weniger Geld und müssen überall sparen. Papa sagt, dass es ein trauriges Weihnachten wird. Vielleicht können sie keinen Tannenbaum kaufen. Stefan lacht nur noch selten. Manchmal fürchtet er sich aus der Schule nach Hause zu kommen.

Anfang Dezember sagt Mama beim Mittagessen: „Heute gehen wir auf den Weihnachtsmarkt. Wir brauchen alle drei eine Ablenkung."

Papa sagt: „Ich komme nicht mit. Wir können ja doch nichts kaufen."

Mama sagt: „Anschauen macht auch Spaß."

Aber Papa schüttelt den Kopf.

So gehen Stefan und Mama allein. Zuerst sind sie traurig, weil Papa nicht mitgekommen ist. Aber auf dem Weihnachtsmarkt vergessen sie ihre Traurigkeit. Es gibt viel zu sehen.

An den meisten Buden wird Christbaumschmuck verkauft: bunte Kugeln und silberne Ketten, duftende Kerzen und federleichte Strohsterne. Auch Gläser kann man kaufen, Tonkrüge, Spitzen und Stickereien. Hier riecht es nach Bratwurst, dort nach gebrannten Mandeln.

„Weißt du was?", sagt Mama. „Wir leisten uns einen Paradiesapfel!"

„Wirklich?", fragt Stefan und freut sich.

Feuerrot glänzend stehen die Äpfel auf ihren Stielen in Reih und Glied hintereinander.

Viele Leute drängen sich vor der Bude.

„Ich stelle mich an", sagt Mama. „Du wartest solange auf mich."

Stefan nickt. Aber wenn man so wartet, sieht man nicht viel. Vielleicht ist es um die Ecke herum weniger langweilig.

O ja! Um die Ecke herum gibt es etwas zu sehen, das einem wirklich den Atem verschlägt. Da steht doch tatsächlich der Weihnachtsmann mit einem kleinen grauen Esel. Stefan geht hin. Er nimmt allen Mut zusammen und fragt: „Was machst du hier?"

„Ich warte", antwortet der Weihnachtsmann.

„Ich auch", sagt Stefan. „Auf meine Mutter. Und du?"

„Auf Kinder", lächelt der Weihnachtsmann. „Weißt du, warum?"

Stefan nickt. Sicher sollen die Kinder dem Weihnachtsmann ihre Wunschzettel bringen.

„Ich kann dich fotografieren", sagt der Weihnachtsmann. „Mit meinem Esel."

Stefan schüttelt den Kopf.

„Frag doch deine Mutter!", sagt der Weihnachtsmann. „So ein Bild ist ein schönes Geschenk für deinen Vater."

Stefan denkt nach. Ihm fällt etwas Besseres ein.

„Ich habe meinen Weihnachtswunsch noch nicht aufgeschrieben", sagt er. „Kann ich ihn dir vielleicht auch mündlich sagen?"

Der Weihnachtsmann runzelt die Stirn.

Da sagt Stefan schnell: „Ich wünsche mir, dass mein Vater bald wieder Arbeit findet."

„Das ist aber ein ungewöhnlicher Wunsch!", meint der Weihnachtsmann. „Der ist gar nicht leicht zu erfüllen."

„Du wirst das schon schaffen", sagt Stefan.

Er gibt dem Weihnachtsmann die Hand. Dann läuft er schnell um die Ecke. Eben kommt Mama mit dem Paradiesapfel. Er ist ganz köstlich: außen süß und knusprig, innen sauer und saftig. Sie beißen immer abwechselnd ab. Mama kann nicht so große Bissen machen wie Stefan.

Sie bleiben, bis der Abend kommt. Die bunten Lichter strahlen immer heller.

„Ich freu mich auf Weihnachten!", sagt Stefan auf dem Heimweg.

Mama sieht ihn liebevoll an. „Das sollst du auch, mein Schatz!" Dann steigen sie in die Straßenbahn.

Zu Hause steht Papa schon an der Tür. Er hat wohl auf sie gewartet. Aber er ist nicht böse. Im Gegenteil! Er strahlt über das ganze Gesicht.

„Ich habe einen Anruf bekommen", sagt er, „von Baumann Elektro. Sie brauchen ganz schnell einen Meister. Sie haben gefragt, ob ich nächste Woche anfangen kann."

Mama fällt Papa um den Hals. Stefan hält beide ganz fest. Er lacht sie an.

„Junge", sagt Papa, „du siehst aus, als hättest du den Weihnachtsmann getroffen."

„Ja", nickt Stefan, „genau!"

Mehr müssen die Eltern nicht wissen.

„Und jetzt", sagt Papa, „gehen wir einen Tannenbaum kaufen. Habt ihr Lust?"

Mama und Stefan lachen. Das ist vielleicht eine Frage! Sie machen sich alle drei auf den Weg.

Ingrid Uebe

Wir warten auf den Weihnachtsmann

Weit weg von hier, niemand weiß genau, wo, wohnt der Weihnachtsmann. In den Tagen vor Weihnachten hat er viel zu tun. Er muss all die Briefe mit den Wunschlisten der Kinder lesen. Die Weihnachtsfrau schleppt die Post in Körben herbei. Von Jahr zu Jahr werden es immer mehr Wünsche. Ob der Weihnachtsmann in diesem Jahr alles schaffen kann?

Kein Kind darf er vergessen! Alle Wünsche muss er erfüllen.

Bis in die späte Nacht hinein liest der Weihnachtsmann mit seiner Frau die vielen Briefe. Müde und verschnupft murmelt er in seinen Bart hinein: „Ist das alles noch zu schaffen?"

„Morgen besorge *ich* die Geschenke!", sagt die Weihnachtsfrau. Seit vielen Jahren sehnt sie sich danach, einmal selbst der Weihnachtsmann zu sein und die Geschenke aussuchen zu dürfen.

„Aber das kann doch nur *ich*!", wehrt sich der Weihnachtsmann. „Na hör mal zu ...! Was soll denn das ...? Du kannst doch nicht ...!", stottert der Weihnachtsmann. Bis er sich besinnen kann, hat die Weihnachtsfrau schon den langen roten Mantel, die Pelzmütze und die Winterstiefel des Weihnachtsmannes herbeigeholt. Mit tiefer Stimme brummt sie durch den falschen Bart: „Bin ich nicht ein hübscher Weihnachtsmann?"

Ganz geheuer ist dem Weihnachtsmann diese Idee nicht. Was ist, wenn jemand herausfindet, wer hinter seinen Kleidern steckt?

Doch er ist müde und erschöpft. Morgen will er sich erholen und am Abend muss er die Geschenke verteilen. Und so willigt er schließlich ein.

Als der Weihnachtsmann am nächsten Morgen erwacht, ist seine Frau längst schon unterwegs. Heute besorgt sie die Geschenke. Hoffentlich vergisst sie keines.

Frisch und ausgeschlafen hat der Weihnachtsmann auch eine Idee. Da wird die Weihnachtsfrau aber staunen: Heute erledigt er die Hausarbeiten: Schuhe putzen ... Plätzchen backen ... – ob sie ihm ebenso gut gelingen wie der Weihnachtsfrau? Selbst das Wischen, Putzen, Klopfen, Fegen geht ihm leicht von der Hand. Unterschätzt hat er die Hausarbeit aber doch. Wie erschlagen sinkt er in den Sessel und schläft ein.

Die Weihnachtsfrau verbringt inzwischen einen schönen Vormittag in der Buchhandlung. „Alle Leute, groß und klein, haben Bücher gern!", sagt sie glücklich.

Viele Bücher stehen auf der Wunschliste. Der Bücherstapel wird größer und größer. Endlich hat die Weihnachtsfrau alle Bücherwünsche auf der Liste abgehakt. Für die anderen Geschenke ist gottlob noch Platz auf dem Schlitten.

Jetzt muss sie sich aber beeilen um ins Spielzeugschloss zu kommen. Darauf freut sie sich besonders.

Als die Weihnachtsfrau dort all die tollen Spielsachen sieht, gerät sie vor Freude ganz aus dem Häuschen. In ihrem Übermut probiert sie gleich ein Skateboard aus. Dann hätschelt sie einen kleinen Teddybären und testet auch das übrige Spielzeug. Dabei hätte sie beinahe vergessen, dass die schönen Spielsachen eigentlich für die Kinder bestimmt sind. Eilig wählt sie für jedes Kind ein passendes Geschenk aus und belädt den Schlitten mit dem Spielzeug. „Nun aber schnell nach Hause, der Weihnachtsmann wartet bestimmt schon auf uns!"

Richtig, er steht schon vor dem Haus, als er seine Frau mit dem Rentier dahersausen sieht. Vor Freude wirft er die Arme hoch.

„Schön war's", sagt die Weihnachtsfrau, „ich habe alles erledigt und keinen einzigen Wunsch vergessen."

„Du bist ja großartig!", ruft der Weihnachtsmann. „Ich hab's ja gleich gewusst."

Doch lange können sie nicht plaudern, denn die Geschenke müssen verpackt werden. Zu zweit geht alles viel leichter und schneller. Darauf hätte ich längst kommen können, denkt der Weihnachtsmann und kratzt sich nachdenklich die Stirn.

Noch in derselben Nacht ruft die Weihnachtsfrau die Rentiere zusammen, streicht ihnen das Fell glatt und flüstert ihnen zu, wohin sie jetzt gleich den goldenen Schlitten mit den Geschenken ziehen sollen.

Der Weihnachtsmann aber bietet seiner Frau den Platz neben sich an. Die Reise wollen sie von nun an immer zu zweit machen.

Am Weihnachtsabend schauen die Kinder voller Sehnsucht und Erwartung aus dem Fenster. Sie warten auf den Weihnachtsmann. Sie sehen den Mond und auch einen Stern mit einem langen Schweif. Jetzt sind sie sicher: Der Weihnachtsmann ist unterwegs. Ob sie wissen, dass er nicht allein fährt? Er sitzt mit seiner Frau im goldenen Schlitten, mit vielen bunten Geschenken.

Iskender Gider

Der Weihnachtsmann im Kittchen

Dies ist eine wahre Geschichte. Vor achtunddreißig Jahren las ich sie oder so ähnlich in der Zeitung.

Ein Mann, der nach dem letzten Krieg schnell zu Reichtum gekommen war, spürte plötzlich in der Vorweihnachtszeit das Bedürfnis, von seinem Reichtum etwas abzugeben. Es gab viele Arme in Deutschland in jener Zeit. Er wusste nur nicht, *wie* er sie beschenken sollte.

Als er einem Weihnachtsmann begegnete, der durch die Straßen ging und Handzettel mit Kaufhauspreisen verteilte, kam ihm eine Idee. Er kaufte sich eine Weihnachtsmann-Verkleidung samt Bart, Augenbrauen und Sack, ging auf die Bank und hob dreitausend Mark in Zehnmarkscheinen ab. Für zehn Mark konnte man damals so viel kaufen wie jetzt für zwanzig.

Einen Tag vor Heiligabend fuhr er in den Bayerischen Wald. Dort galten die Leute als besonders arm. In einem einsamen Gasthof nahm er sich ein Zimmer. Er war der einzige Gast, denn am Heiligabend ist jeder am liebsten daheim bei seinen Lieben. Er aber lebte allein. Es kam nicht drauf an, wo er sich zu Weihnachten aufhielt.

Vor lauter Vorfreude schlief er unruhig. Am nächsten Morgen

verkleidete er sich als Weihnachtsmann, tat die Geldscheine in den Sack und machte sich zu Fuß auf den Weg ins nächste Dorf. Es lag verschneit im Wald. Das erste Kind, dem er begegnete, starrte ihn entgeistert an. Er schenkte ihm einen Schein. Dann hielt er eine krummbeinige Alte an, die durch den Schnee schlurfte, und beschenkte auch sie. Aber sie ließ den Schein fallen, bekreuzigte sich und entfloh. Kurz darauf kamen Kinder scharenweise gelaufen. Sie hatten wohl von dem seltsamen Weihnachtsmann erzählen hören. Freudestrahlend schwenkte jedes Kind seinen Schein und lief nach Hause.

Genau so hatte es sich der reiche Mann vorgestellt: Jubel und glückliche Augen. Davon, dass ihn die Dörfler durch die Gardinen beobachteten, merkte er nichts.

Einem alten Bauern, der ihn fragte, wer er sei, antwortete er: „Einer, der mehr hat, als er braucht."

„Wo gibt's denn so was, dass jemand einen ganzen Sack voll Geld verschenkt!", knurrte der Bauer. „Da geht doch etwas nicht mit rechten Dingen zu!"

Er hinkte fort ohne den Geldschein genommen zu haben. Und niemand zeigte sich mehr auf der Straße.

Da stapfte der reiche Mann ins nächste Dorf und begann auch dort Geld auszuteilen. Aber hier nahm ihn die Polizei fest. Sie war,

von den Leuten des ersten Dorfes alarmiert, hinter ihm hergefahren.

Als er sagte, er sei der Fabrikant Schütt aus Offenbach und verschenke nichts als sein selbst verdientes Geld, glaubte man ihm nicht. Seine Papiere hatte er im Gasthof gelassen.

So musste er die Heilige Nacht in der Zelle der Polizeiwache zubringen. Denn die Polizisten wollten die Besitzer des Gasthofs am Weihnachtsabend nicht stören und die Behörden in Offenbach waren an so einem Tag auch schwer zu erreichen.

Erst am ersten Feiertag, als die Polizisten Pass und Mercedes sahen, ließen sie den Weihnachtsmann wieder frei und entschuldigten sich bei ihm.

„Nichts für ungut“, sagten sie. „Es war so unglaublich.“

Gudrun Pausewang

Das Lied der Krähen

Hoch oben im Norden lebte einmal ein kleiner Pinguin. Der sagte jedes Mal, wenn der Winter begann: „Diesmal will ich den Weihnachtsmann sehen. Das ist mein größter Wunsch.“

Natürlich hatte der kleine Pinguin auch noch andere Wünsche. Natürlich freute er sich, wenn sie in Erfüllung gingen. Der Weihnachtsmann war noch nie geizig gewesen. Einmal hatte er ihm eine große Schüssel voll silberner Heringe gebracht, einmal einen bunten Ball und einmal sogar ein Ruderboot. Aber sich selbst hatte er eben noch nie sehen lassen. Er war immer bei Nacht gekommen, hatte immer gewartet, bis der kleine Pinguin schlief, und war am Morgen längst über alle Berge gewesen.

Der kleine Pinguin ging umher und fragte die alten Leute: „Habt *ihr* den Weihnachtsmann schon einmal gesehen?“

„Schon oft", sagten die alten Leute. „Wir brauchen ja nicht mehr viel Schlaf."

„Wie sieht der Weihnachtsmann aus?", fragte der kleine Pinguin.

„Wunderschön", sagten die alten Leute, „freundlich und gut."

„Kommt er zu Fuß?", fragte der kleine Pinguin.

„Nein, mit dem Schlitten", sagten die alten Leute, „mit sechs Rentieren davor."

„Hört man ihn denn?", fragte der kleine Pinguin. „Woran merkt man überhaupt, wenn er kommt?"

„Zuerst hört man ein Läuten", sagten die alten Leute. „Das sind die Glocken der Rentiere. Dann hört man ein Lied. Das sind die Krähen, die den Weihnachtsmann auf seiner Reise begleiten."

„Aber Krähen können nicht singen", sagte der kleine Pinguin. „Sie haben abscheuliche Stimmen."

„In dieser Nacht können sie singen", sagten die alten Leute. „Ihre Stimmen sind klar und süß." Der kleine Pinguin ging nach

Hause. Er dachte: Dieses Jahr werde ich den Weihnachtsmann sehen! Ich darf nur nicht einschlafcn. Ich muss nur die Ohren spitzen.

Als es Zeit wurde, schrieb er seinen Wunsch wie jedes Jahr in den Schnee. Diesmal wünschte er sich einen roten Schal. Nachts deckte neuer Schnee die Buchstaben zu. Da wusste er, dass sein Wunsch in Erfüllung gehen würde.

Am Weihnachtsabend blieb der kleine Pinguin wach. Er wartete, bis seine Eltern zu Bett gegangen waren. Dann stand er leise auf und schlich aus dem Haus.

Draußen würde er das Läuten der Rentierglocken und das Lied der Krähen besser hören können als drinnen.

Es war eine frostklare Nacht. Der Mond sah aus wie gefrorene Milch und die Sterne standen wie Eiskristalle um ihn herum.

Der kleine Pinguin wanderte hinaus zu den Felsen und kletterte hinauf. Er reckte den Hals, spitzte die Ohren und hielt die Augen weit offen. Aber er vernahm nichts als die Stille der Nacht. Er erblickte nichts als das Leuchten des Schnees.

Mit der Zeit wurde ihm kalt. Zwar war er an Kälte gewöhnt, doch eine wie diese hatte er noch niemals erlebt. Sie kroch aus den Felsen in seinen Körper, machte seine Glieder schwer und seine Augen müde. Er wusste, dass er nicht einschlafen durfte. Sonst würde er erfrieren und nie wieder aufwachen. Ich will den Weihnachtsmann sehen, dachte er. Ich will nicht aufgeben! So kämpfte er lange Zeit gegen Kälte und Müdigkeit an.

Endlich fühlte er seine Kräfte erlahmen. Er senkte den Kopf und ergab sich dem Schlaf. Doch just in dem Augenblick, als ihm die Lider zufielen, erblickte er in der Ferne ein seltsames Licht. Ein schmaler Streif, bunt wie ein Regenbogen, färbte den Saum der Welt. Da wusste der kleine Pinguin: Der Weihnachtsmann hatte die Erde betreten. Schon vernahm er das Läuten der Rentierglocken und das Lied der Krähen. Etwas Schöneres hatte er niemals gehört. Sein Herz hüpfte vor Freude. Dann fielen ihm die Augen zu. Am nächsten Morgen erwachte der kleine Pinguin frisch und gesund in seinem eignen Bett. Er konnte nicht verstehen, wie er dahin gekommen war. Er richtete sich auf und blickte sich staunend um. Neben seinem Bett lag der rote Schal, den er sich zu Weihnachten gewünscht hatte. Seine Eltern kamen herein und freuten sich, dass es ihm gut ging. Seine Mutter sagte: „Wie konntest du nur hinauslaufen in die eisige Nacht? Hätte dich der Weihnachtsmann nicht gefunden und bei uns abgeliefert, so wärst du gewiss erfroren."

Da sprang der kleine Pinguin aus dem Bett und griff nach dem roten Schal.

Der Schal war wollig und weich und stand ihm sehr gut.

Ich habe den Weihnachtsmann zwar nicht gesehen, dachte der kleine Pinguin. Aber er hat mich mit seinem Schlitten nach Hause gebracht.

Ingrid Uebe

Zu Weihnachten wünsche ich mir einen Weihnachtsmann

Der kleine Pit dachte angestrengt nach. Heute Morgen hatte sein Vater zu ihm gesagt: „Überleg mal, was du dir zu Weihnachten wünschst." Er wollte etwas ganz Besonderes – etwas, was niemand sonst zu Weihnachten geschenkt bekam.

Da kam ihm eine Idee. Er sprang so plötzlich auf, dass der Stuhl, auf dem er gesessen hatte, vor Schreck umfiel. Er rannte zu seinen Eltern. „Ich weiß jetzt, was ich mir wünsche!", rief er aufgeregt. „Zu Weihnachten wünsch ich mir einen lebendigen Weihnachtsmann! Ich hätte dann etwas, was noch nie jemand zu Weihnachten bekommen hat", erklärte Pit. „Außerdem könnte ich mir dann das ganze Jahr über vom Weihnachtsmann etwas wünschen."

Sein Vater sah ihn schmunzelnd an. „Du weißt doch, dass es den Weihnachtsmann gar nicht gibt", sagte er. „Man hat ihn nur erfunden, damit das Weihnachtsfest für die Kinder schöner und geheimnisvoller ist."

Pit schaute seinen Vater mit großen Augen an: „Das stimmt nicht, Vati", sagte er ernst, „es gibt den Weihnachtsmann doch. Gestern Abend, als ich im Bett lag und nicht einschlafen konnte, ist er zu mir gekommen. Zuerst habe ich am Himmel einen Wagen gesehen mit zwei weißen und zwei braunen Pferden davor. Der Wagen ist immer näher gekommen und hat vor meinem Fenster angehalten. Da ist dann der Weihnachtsmann ausgestiegen und zu mir ins Zimmer gekommen."

„Frag den Weihnachtsmann, falls er dich heute Abend wieder besucht, doch selbst, ob du ihn dir wünschen kannst. Er muss schließlich auch damit einverstanden sein", meinte der Vater.

Pit konnte es gar nicht erwarten, an diesem Abend zu Bett zu gehen. Trotz der kalten Winterluft machte er das Fenster weit auf. Er kuschelte sich in sein Bett und wartete.

Bald konnte er am Himmel den Wagen mit den zwei weißen und zwei braunen Pferden sehen. „Er kommt", flüsterte Pit glücklich, „wie er es versprochen hat."

Der Weihnachtsmann kam durchs Fenster und setzte sich neben Pits Bett. Er begann zu erzählen von der langen Reise, die er durch den Himmelsraum gemacht hatte. Vorbei an all den Sternen, vorbei am Mond und an der Sonne, durch die Milchstraße hindurch bis hinunter zur Erde. Er erzählte, wie er nachts von Haus zu Haus ging um die Träume der Kinder zu belauschen, um so ihre Wünsche zu erfahren. Er erzählte auch, wie beschwerlich es für ihn war, jeden Abend diese weite Reise zu machen, und dass er auf

61

dem Rückweg oft anhalten musste, damit seine Pferde verschnaufen konnten. Dann aber erzählte er, wie sehr sich die Mühe für ihn lohnte, wenn er am Weihnachtsabend die glücklichen Gesichter der Kinder sah.

Pit wusste nun, dass der Weihnachtsmann sehr viel zu tun hatte. Er schämte sich ein bisschen. Er hatte den Weihnachtsmann das ganze Jahr über für sich alleine gewollt, dabei gab es doch so viele Kinder, für die er auch da sein musste.

Er beschloss diesen Wunsch ganz schnell zu vergessen. Als er später den Weihnachtsmann in seinen Wagen steigen und davonfahren sah und als er den zwei weißen und zwei braunen Pferden nachblickte, da wusste er plötzlich, was er sich wünschte.

„Ich möchte reiten lernen auf einem Pony", murmelte er, schon halb im Schlaf. „Und wenn ich groß bin und vier Ponys habe und einen Wagen dazu, helfe ich dem Weihnachtsmann. Er muss dann nicht mehr so viel arbeiten und seine Pferde können sich auch öfters ausruhen."

Im Traum sah Pit sich und den Weihnachtsmann durch den Himmelsraum fahren, vorbei an den Sternen, am Mond und an der Sonne, und es war der schönste Traum, den er jemals geträumt hatte.

Helga R. Rossmeisl

Die Weihnachtsgeschichte
erzählt vom Weihnachtsmann

Nicht viel los in so einem Winterwald, denkt der Fuchs. Nur Schnee. Nirgends ein Hühnchen zu sehen. Aber da? Hinter dem Baum? Es riecht pelzig. Und neugierig schleicht der Fuchs näher.

Halt! Da sitzt doch der Weihnachtsmann! Sitzt einfach so da und schläft. Er schnarcht dabei sogar ein bisschen. Du meine Güte, denkt der Fuchs. Der Weihnachtsmann ist schon da. Hurra! Schnell läuft der Fuchs davon um es allen Tieren zu erzählen: „Der Weihnachtsmann ist da!"

Ist das eine Aufregung im Wald. „Was, der Weihnachtsmann? Was, schon Weihnachten?" Aufgeregt stehen sie da und schauen dem Weihnachtsmann beim Schlafen zu. „Wirklich, es ist der Weihnachtsmann!" So ganz aus der Nähe sieht man ihn selten. Endlich wacht er auf.

„He, was macht ihr denn alle da?", fragt er sie und sie fragen ihn: „Ja, was machst du denn da, ist denn schon Weihnachten?" „Und wo sind die Geschenke?", fragt der Fuchs.

„So weit sind wir noch nicht", antwortet der Weihnachtsmann. „Ich bin nur dabei, mich für Weihnachten in Form zu bringen. Ich bin durch den Wald gelaufen und dabei müde geworden. Ich bin nicht mehr der Jüngste, wisst ihr, ich werde schnell müde in letzter Zeit ... und jedes Jahr mehr Geschenke ... sie wünschen sich allerhand, die Leute, wisst ihr", brummt der Weihnachtsmann. „Das schafft einen ganz schön jedes Jahr."

Die Tiere erschrecken. Was sagte er da gerade? „Kann es sein, dass du einmal zu müde für Weihnachten bist?", fragt der Fuchs.

„Aber nein, natürlich wird es immer Weihnachten geben", sagt der Weihnachtsmann. „Das Wichtigste an Weihnachten bin doch nicht ich! Kennt ihr eigentlich die Weihnachtsgeschichte? Setzt euch hin, ich werde es euch erzählen:

„Es geschah vor langer Zeit an einem weit entfernten Ort, der Bethlehem heißt. Es war Nacht, die Hirten hatten ihre Schafe zusammengetrieben. Einige Hirten saßen da und redeten miteinander, die anderen hatten sich schon zum Schlafen niedergelegt. Es war sehr still.

Da stieg auf einmal ein schöner, heller Stern am Himmel auf, und wie die Hirten da standen und staunten, hörten sie eine Stimme:

‚Fürchtet euch nicht, ich habe eine gute Nachricht: Gerade jetzt wurde das Christkind geboren, der Sohn Gottes. Gott hat seinen Sohn auf die Welt gesandt um den Menschen zu zeigen, dass er sie liebt und sie nicht allein lässt. Geht dem Stern nach, er führt euch zum Christkind.‘

Da brachen die Hirten auf und folgten dem Stern. Der Weg führte über Hügel und durch Täler, über Brücken und vorbei an kleinen Dörfern, in denen die Menschen, die noch nichts vom Christkind wussten, schliefen. Und immer heller schien der Stern, bis er

über einem kleinen Stall Halt machte. In diesem Stall in einer Krippe lag das neugeborene Kind. Es war das Christkind, der Sohn Gottes. Die Hirten knieten nieder und beteten. Ihre Herzen waren voller Freude."

Jetzt habt ihr gehört, was damals in Bethlehem geschehen ist, und wie das Christkind zu uns auf die Welt kam.

Und jedes Jahr feiern wir wieder den Geburtstag des Christkindes. Deshalb sind wir so froh jedes Jahr zu Weihnachten und deshalb wünschen wir einander immer fröhliche Weihnachten um diese Zeit. Alle sollen fröhlich sein zu Weihnachten, weil der arm dran ist, der sich nicht freuen kann. Das ist schöner und wichtiger als alle Geschenke zusammen. Ich bin nur ein Mann mit einem roten Mantel, roten Stiefeln, einer roten Pelzmütze und einem weißen Bart", sagt der Weihnachtsmann. Dabei steckt er die Hände in seine Manteltasche und schmunzelt. „Wie dumm wir waren", sagt da der Fuchs. „Wir haben alle geglaubt, dass Weihnachten nur etwas mit Geschenken zu tun hat."

„Aber jetzt wisst ihr es auch besser", sagt der Weihnachtsmann und reibt sich dabei vergnügt die Hände.

„Immer wenn ich diese Geschichte erzähle, wird mir ganz warm ums Herz. Nun muss ich mich aber beeilen", sagt der Weihnachtsmann, „es gibt noch eine ganze Menge zu tun. Ein paar Geschenke will ich auch diesmal verteilen. Wollt ihr mir dabei helfen?"

Und der Weihnachtsmann stapft über Wiesen und Felder und durch den Schnee bis zu seinem Haus. Die Tiere folgen ihm alle. Und am Heiligen Abend sitzen sie wieder zusammen im Haus des Weihnachtsmannes. Sie feiern Weihnachten. Wie gemütlich und warm es hier ist. Sie spüren, dass sie einander sehr lieb haben, und freuen sich sehr. Und noch einmal erzählt der Weihnachtsmann seine Lieblingsgeschichte:

„Es geschah vor langer langer Zeit an einem weit entfernten Ort, der Bethlehem heißt ..."

Dann wird es ruhig im Haus des Weihnachtsmannes. Der Weihnachtsmann ist heute der Glücklichste von allen, denn er weiß: Das schönste Weihnachtsgeschenk ist doch Weihnachten selbst.

Hisako Aoki

Bald ist Weihnachten!

Joscha wartet auf Schnee

Mitte Dezember ist schon vorbei und es will einfach nicht schneien! Joscha guckt jeden Tag ein paar Mal den grauen Himmel an. Bisher konnte er noch keine einzige Schneewolke entdecken. Wie Herbst ist es immer noch. Wie Herbst ohne bunte Blätter! Joscha wohnt in der Siedlung, weit draußen. Alle Gärten ringsum sehen traurig aus. Die meisten Bäume und Sträucher sind nackt. Der Wind zupft unfreundlich an den leeren Zweigen.

Nur abends sieht die Welt fröhlicher aus.

Dann funkelt in jedem Garten ein Tannenbaum mit elektrischen Kerzen. Die Tage vergehen langsam und langweilig. Am Wochenende öffnet Joscha das drittletzte Türchen an seinem Adventskalender. Ein richtig schöner Schneemann ist hinter der Nummer zweiundzwanzig. Joscha klappt das Türchen schnell wieder zu.

Eine Weile später sitzt er mit Mama und Papa am Frühstückstisch. „Ich bin sauer", sagt er.

Papa fragt: „Warum? Was ist los?"

„Der Herbst hört nicht auf", sagt Joscha. „Wann kommt endlich der Winter?"

„Heute", sagt Mama. „Es steht in jedem Kalender. Heute fängt der Winter an!"

Joscha sagt: „Davon merke ich nichts! Wo ist er denn?"

Mama und Papa lachen.

„Das ist nicht zum Lachen", knurrt Joscha. „Ich warte auf Schnee!"

„Tja", sagt Papa. „Warten ist schwer."

Das weiß Joscha selber! „Vielleicht kommt der Winter nie mehr", sagt er trübsinnig. „Letztes Jahr hat es auch nicht richtig geschneit!"

Joscha soll noch ein bisschen Geduld haben, sagt Mama und

tröstend fügt sie hinzu: „Übermorgen ist Weihnachten. Ich freu mich schon!"

Joscha will sich nicht freuen. Bis übermorgen muss noch viel Zeit vergehen! Auf alles muss er warten und warten und warten ... Seine Geduld ist zu Ende!

Wenn es schneien würde, könnte er einen Schneemann bauen.

Und er könnte mit seinen Freunden Schlitten fahren.

Oder er könnte Schneebälle auf die Dächer werfen und wer weiß was machen ...

Er hätte ganz viel Spaß und müsste nicht dauernd nur warten.

Da klingelt es plötzlich. „Sicher der Postbote", sagt Mama. Joscha steht auf und öffnet die Haustür. Oh! Seine Augen werden kugelrund. Ein Weihnachtsmann!

Er hält Joscha ein Paket entgegen, sagt „Fröhliche Weihnachten" und lacht.

Joscha guckt den Weihnachtsmann von oben bis unten an, wirft dann einen Blick auf die Straße. Der gelbe Bulli steht dort. Das ganz normale Postauto! Joscha lächelt. „Sind heute alle von der Post so verkleidet?"

„Nicht alle", antwortet der Weihnachtsmann, „nur ein paar."

„Kalt ist es heute", sagt er noch. „Es riecht nach Schnee!" Dann dreht er sich um und geht zu seinem Auto.

„Fröhliche Weihnachten!", ruft Joscha ihm nach und trägt das Paket zu Mama und Papa. Die beiden stehen in der Küchentür.

„Habt ihr ihn gesehen?", fragt Joscha und kichert.

„Unglaublich!", sagt Papa und schüttelt lachend den Kopf. „Sogar die Post arbeitet mit den Weihnachtsmännern zusammen!"

„Eine tolle Idee!", sagt Mama und kichert wie Joscha. Das Paket läßt sie blitzschnell verschwinden. „Bis übermorgen", sagt sie und will nicht verraten, wer es geschickt hat.

„Ist gut", sagt Joscha. Im Moment ist etwas anderes wichtig. „Es riecht nach Schnee", murmelt er nachdenklich. Schnell geht er noch einmal zur Haustür, steckt seine Nase nach draußen und schnuppert. Ja, es riecht wirklich so – so anders ... Kälter als gestern ist es auch und dicke, helle Wolken hängen am Himmel!

Joscha holt seinen Teddy und setzt sich an das große Fenster im Wohnzimmer.

„Willst du nichts spielen?", fragt Papa.

„Nein", sagt Joscha. „Ich will warten. Auf Schnee und auf Weihnachten. Ich hab ganz viel Geduld."

Eine Stunde später fallen die ersten Flocken. Ganz leise fallen sie aus den Wolken und schweben und fallen und fallen ... Wie wunderbare, zarte Sterne! Keine Flocke gleicht der anderen.

Joscha und Teddy gehen nach draußen und staunen.

Anne Steinwart

Noch ein bisschen Geduld!

Als der Herbstwind eben die letzten Blätter von den Bäumen gefegt hatte, sagte der kleine Brüllbär: „Jetzt soll es schneien! Und dann soll Weihnachten sein!"

„Aber kleiner Brüllbär", sagte die Mutter. „Der Winter hat ja gerade erst angefangen. Vielleicht schneit es bald, vielleicht auch nicht. Aber bis Weihnachten dauert es jedenfalls noch eine ganze Weile. Du musst ein bisschen Geduld haben."

„Uaah!", brüllte der kleine Brüllbär. „Ich will aber keine Geduld haben! Ich will, dass es schneit! Ich will, dass Weihnachten ist!"

Die Mutter schüttelte den Kopf und ging in die Küche. Der kleine Brüllbär lief hinter ihr her. Er fragte: „Was machst du jetzt? Plätzchen backen vielleicht?"

„Nein", sagte die Mutter, „dazu ist es noch viel zu früh. Wenn wir schon jetzt anfangen, ist Weihnachten kein Plätzchen mehr da."

„Dann backen wir eben neue", sagte der kleine Brüllbär. „Weihnachtsplätzchen schmecken zu und zu gut."

Die Mutter nickte. „Sie schmecken deshalb so gut, weil man nicht alle Tage welche bekommt. Du musst ein bisschen Geduld haben."

71

„Uaah!", brüllte der kleine Brüllbär. „Ich will aber keine Geduld haben! Ich will jetzt Plätzchen backen! Und essen will ich sie auch!"

„Du kannst ein Honigbrot kriegen", sagte die Mutter, „und einen Apfel dazu."

„Darauf habe ich überhaupt keinen Hunger", sagte der kleine Brüllbär. Er lief ans Fenster und rief:

„Schau nur – die Wolken! Ich glaube doch, dass es gleich schneit. Ich glaube doch, dass bald Weihnachten ist."

„Ach, kleiner Brüllbär", sagte die Mutter, „wann wirst du nur endlich vernünftig?"

„Ich bin ja schon vernünftig", sagte der kleine Brüllbär.

Er überlegte einen Augenblick, dann fuhr er fort: „Und jeder vernünftige Bär freut sich auf Weihnachten. Du etwa nicht?"

Die Mutter lachte. „Doch, natürlich freue ich mich. Aber ich bin auch froh, dass es bis dahin noch eine Weile dauert. Ich habe schließlich noch eine Menge zu tun."

„Ja, Weihnachtsplätzchen backen zum Beispiel", sagte der kleine Brüllbär. „Dabei helfe ich dir."

„Vielen Dank", sagte die Mutter. „Ich werde mich rechtzeitig
melden."

Als es dunkel wurde, stellte sie eine Lampe ans Fenster. Der Vater war noch draußen im Wald.

„Vielleicht bringt er schon einen Tannenbaum mit", überlegte
der kleine Brüllbär.

„Das glaube ich nicht", sagte die Mutter. „Heute sammelt er bestimmt nur Holz für den Kamin."

Der kleine Brüllbär blickte hinaus in die Nacht. Als der Vater
kam, lief er ihm schnell entgegen.

„Hallo, kleiner Brüllbär!", sagte der Vater. „Hast du auf mich gewartet?"

„Ja", sagte der kleine Brüllbär, „auf dich und den Tannenbaum."

„Auf den Tannenbaum?", fragte der Vater. „Aber das hat ja noch
Zeit. Wir wollen doch nicht, dass er bis zum Fest alle Nadeln verliert. Du musst ein bisschen Geduld haben."

„Uaah!", brüllte der kleine Brüllbär. „Ich will aber keine Geduld haben! Ich will, dass du einen Tannenbaum holst! Ich will, dass er bis an die Decke reicht!"

Der Vater stapelte das Holz für den Kamin neben der Haustür. Er sagte: „Am besten suchst du den Baum mit uns aus. Dann bin ich ganz sicher, dass es auch der Richtige ist."

Der kleine Brüllbär brüllte nicht mehr. Er fragte: „Wann sollen wir gehen?"

„Ich sage dir rechtzeitig Bescheid", sagte der Vater. „Das verspreche ich dir."

Der kleine Brüllbär half seinem Vater das Holz aufstapeln. Er machte das gut.

„Bis Weihnachten dauert es jedes Jahr länger", behauptete er. „Wie kommt das bloß?"

„Das scheint dir nur so", sagte der Vater. „Als ich so alt war wie du, ist es mir genauso ergangen."

„Was soll ich denn machen, bis Weihnachten ist?", fragte der kleine Brüllbär.

„Dasselbe, was du sonst auch machst", sagte der Vater. „Essen und schlafen, spielen und in die Schule gehen."

„Das ist mir zu langweilig", sagte der kleine Brüllbär.

„Warte nur ab!", sagte der Vater. „Vor Weihnachten ist das alles ein bisschen anders als sonst. Und dann musst du auch noch über deinen Wunschzettel nachdenken."

„Ach ja!", lachte der kleine Brüllbär. „Und schreiben muss ich ihn auch!"

Ingrid Uebe

Lisa und ihr Tannenbaum

Im Sommer hat Lisa ihn entdeckt: den schönsten Tannenbaum weit und breit. Mitten auf einer Lichtung steht er, ganz allein, hat Äste und Zweige bis zum Boden. Wenn Lisa auf den Zehenspitzen steht, kann sie seinen Wipfel anfassen. Die Nadeln an den Spitzen der Zweige sind hellgrün und weich. Lisa streichelt sie.

Sie stellt sich vor den Tannenbaum und singt: „O Tannenbaum, o Tannenbaum!" Weihnachtslieder singt sie am liebsten im Sommer. „Das wird unser Christbaum", sagt sie. Die Eltern erklären: „Man darf Bäume nicht einfach abschlagen."

„Warum?", fragt Lisa.

„Weil sie jemandem gehören", sagt der Vater.

Lisa will wissen, ob dieser Jemand die Bäume gepflanzt hat.

„Manche", sagt der Vater. „Manche hat der Wind gesät oder die Vögel ..."

Lisa denkt nach: „Dieser ist ein Wind- und Vogelbaum, der gehört dem Wind und den Vögeln."

„Und die verkaufen ihn nicht", sagt die Mutter.

75

„Aber ich will nur den", sagt Lisa.

Immer wieder geht Lisa ihren Baum besuchen. Einmal hängt ein Spinnennetz in den Zweigen, darin funkeln ein paar Regentropfen. Lisa bringt eine Glaskugel mit und hängt sie an einen Zweig. Wie schön wird der Baum erst sein mit vielen Glaskugeln, mit Lebkuchen und Schokoladenherzen, mit Kerzen und Sternspuckern!

Es wird Herbst. Das Gras auf der Lichtung ist gelb und braun. Die Birken am Waldrand haben nur noch fünf Blätter. Auf der Spitze des Tannenbaums hängt ein goldenes Birkenblatt. „Bald ist es so weit", sagt Lisa.

Der Vater holt die Glaskugeln vom Schrank. Die Mutter bastelt Strohsterne und Lisa malt ihrem Nussschalenkind einen roten Mund. Der Vater putzt die Glaskugeln, aus der Schachtel fallen vertrocknete Tannennadeln. Plötzlich erinnert sich Lisa an den Dreikönigstag im letzten Jahr. Sie erinnert sich, wie sie den Christbaum abgeräumt haben. Fast alle Nadeln sind heruntergefallen. Übrig blieben ein trauriger kahler Stamm und traurige kahle Äste und ein trauriges Häufchen grauer Nadeln auf dem Fußboden.

„Morgen holen wir deinen Tannenbaum!", sagt der Vater. „Ich habe mit dem Förster gesprochen." Lisa schüttelt den Kopf. Die Mutter sieht den Vater an. „Warum denn nicht?", fragen beide. Lisa beginnt zu weinen. Die Mutter streicht ihr über den Kopf. Der Vater hebt sie auf seinen Schoß. Lisa schluchzt in seinen Pullover hinein. Plötzlich sagt die Mutter: „Ich habe eine Idee."

Am Weihnachtsabend kommen die Großeltern, Tante Carola und Onkel Michael. „Nicht ausziehen", sagt Lisa. „Warum nicht?", fragt Oma. Lisa macht ein geheimnisvolles Gesicht. Die Mutter reicht allen Gummistiefel. Oma bekommt noch ein dickes warmes Tuch. Sie steigen ins Auto. Es ist eng im Wagen mit so vielen Menschen drin, eng und schön warm. Der Großvater will wissen, wohin sie fahren, aber die Eltern und auch Lisa verraten nichts.

Am Waldrand bleiben sie stehen. Nebelfetzen wirbeln an den Bäumen entlang. Lisa rutscht auf den nassen Blättern. Es ist dunkel zwischen den Bäumen. Der Lichtstrahl von Vaters Taschenlampe zittert. Dicke Tropfen platschen auf die Nasen. Sie kommen zu der Lichtung. Lisa läuft zu ihrem Tannenbaum. Die Mutter steckt Kerzen an die Äste. Der Vater hängt Nüsse an die mittleren Zweige. Lisa hängt Karotten an die unteren Zweige. Die Mutter hängt Meisenringe an die obersten Zweige. Sie kramt in ihrem Korb. „Wo sind die Streichhölzer?"

Der Großvater zieht sein Feuerzeug aus der Tasche. Er zündet die Kerzen an und die Sternspucker. Dann halten sich alle an den Händen und gucken den Baum an. Oma fängt an zu singen. Sie singen alle Weihnachtslieder, die sie kennen. Plötzlich lacht Lisa. „Schaut, man sieht unsere Lieder!" Man sieht sie wirklich. Als weiße Fahnen und weiße Kringel in der kalten Luft.

„Hasen!", ruft Lisa, „Eichhörnchen! Meisen! Kommt, euer Christbaum ist fertig!" Kein Hase kommt, kein Eichhörnchen und keine Meisen. Lisas Füße werden kalt und kälter. Auch die Großmutter tritt schon von einem Fuß auf den anderen. Die Mutter sagt: „Ich glaube, die kommen erst, wenn wir weg sind." Lisa lehnt sich an die Mutter und blickt in die Höhe. Zwischen den Wolken leuchtet ein Stern.

Am nächsten Tag gehen alle noch einmal in den Wald. Die ganze Lichtung ist voller Raureif, jeder Grashalm, jede Distel. Auch der Christbaum ist voll Raureif. Alle Nüsse sind weg. Eine einzige Karotte hängt noch da und die ist zur Hälfte angeknabbert. In die Meisenringe sind große Löcher gepickt. Lisa umarmt einen nach dem anderen. „Na seht ihr", sagt sie.

Renate Welsh

Karolins Wunschzettel

Katrin und Karolin waren überall in unserer Straße bekannt. Es waren die Zwillinge von Vogts im Haus Nummer neun. Sie tauchten immer nur zu zweit auf. Bis kurz vor Weihnachten jedenfalls. Ihre wuscheligen rotblonden Köpfe sah man schon von weitem leuchten. Von Anfang an war Karolin immer das Spiegelbild von Katrin. Sie saß neben ihr im Kinderwagen, bekam mit ihr Mumps und Masern, spielte mit ihr im selben Sandkasten und war immer so angezogen wie ihre Schwester. Sie glichen sich wie ein Ei dem anderen. Schließlich waren sie auch eineiige Zwillinge. Anfangs fand es Karolin ganz lustig, wenn die Leute sie mit ihrer Schwester verwechselten. Im Kindergarten machten sich die beiden einen Spaß daraus, heimlich die Plätze oder die Gruppen zu tauschen. Sie führten mit ihrer Ähnlichkeit gerne andere an der Nase herum. Aber dann kam der erste Schultag.

Katrin und Karolin zogen mit den gleichen blauen Hosen, den gleichen weißen Polohemden, den gleichen roten Pullis, den gleichen gelben Ranzen und gleich getupften Schultüten los.

„Da kommt das doppelte Katrinchen", sagte der Lehrer. Alle lachten. Nur Karolin nicht. Sie wusste erst selbst nicht, warum. Ganz still saß sie da. Auch am nächsten und übernächsten Tag.

Katrin fand sich in der Schule schnell zurecht. Sie hatte rasch neue Freunde und bemerkte gar nicht, dass Karolin immer stiller wurde. „Komm, spiel doch mit uns!", rief Katrin. Aber Karolin wollte nicht. „Spielverderber", sagte Katrin. Da drehte sich Karolin um und weinte.

Nach einiger Zeit sprach der Lehrer mit der Mutter.

79

„Katrin ist ein sehr lebhaftes Kind", sagte er. „Karolin dagegen ist still und rührt sich kaum ..."

Frau Vogt konnte sich das veränderte Verhalten von Karolin beim besten Willen nicht erklären. Auch zu Hause war sie anders als sonst. Sie blieb zu Hause, wenn Katrin zum Spielen rausging. Sie sah Bücher an, wenn Katrin Musik hörte, und sie wollte fernsehen, wenn Katrin Mensch-ärgere-dich-nicht spielen wollte.

Karolins Wunschzettel schließlich klärte die rätselhafte Angelegenheit ziemlich anschaulich auf. Und das kam so:

„Soll ich den Wunschzettel schreiben oder du?", fragte Katrin Ende November.

„Ich möchte diesmal meinen eigenen Wunschzettel schreiben", sagte Karolin.

„Wieso denn? Wir kriegen doch immer das Gleiche", wunderte sich Katrin.

„Ebendarum", antwortete Karolin. „Das finde ich schrecklich."

„Wieso denn auf einmal?", wunderte sich Katrin.

„Ich möchte mal einen quietschblauen Pulli kriegen, wenn du einen roten kriegst."

„Ich wünsch mir keinen Pulli. Ich wünsch mir Schlittschuhe", sagte Katrin.

„Ich wünsch mir Rollschuhe", sagte Karolin.

„Ich wünsch mir einen Tennisschläger", sagte Katrin.

„Ich wünsch mir einen Malkasten", sagte Karolin.

„Ich wünsch mir eine Laubsäge mit Sperrholz", sagte Katrin.

„Und ich wünsch mir ein kariertes Hemd und viele Bücher", sagte Karolin. So ging es eine ganze Weile.

„Du bist mir doch nicht böse?", erkundigte sich Karolin, als sie mit dem Wünscheaufzählen fertig waren.

„Ach Quatsch", sagte Katrin, obwohl sie Karolins letzten Wunsch ziemlich bescheuert fand: Sie wollte sich einen Pferdeschwanz wachsen lassen und ihren Namen mit C schreiben.

Als Frau Vogt Karolins Wunschzettel las, wurde sie sehr nachdenklich. Bei Karolins letztem Wunsch wurde ihr plötzlich klar, was ihre Tochter so lange bedrückt hatte: Sie wollte unverwechselbar sein. Und nicht nur der Schatten von Katrin!

Natürlich bekamen die Zwillinge nicht alles zu Weihnachten, was sie sich gewünscht hatten. Aber am Weihnachtsbaum hing ein großes selbst gebackenes C mit einer roten Haarschleife. Da wusste Carolin, dass ihre Mutter sie verstanden hatte.

Ursel Scheffler

So viele Päckchen

Familie Schulzki isst gerade zu Mittag, als es an der Haustür läutet. Herr Schulzki geht hinaus. Jan, Christina und Thorsten laufen hinterher.

„Ach, du bist es, Paul", sagt Herr Schulzki. „Du kommst aber spät."

„Das ist nicht meine Schuld", brummt Paul Huber und streckt Herrn Schulzki ein Päckchen und mehrere Briefe entgegen. „Wenn die Leute vor Weihnachten nicht so viel in der Weltgeschichte herumschicken würden, müsste sich unsereins auch nicht so abschleppen."

„Ich weiß, du hast viel zu tun in diesen Tagen", sagt Herr Schulzki. „Möchtest du vielleicht ein Schnäpschen zum Aufwärmen?"

„Mir ist schon warm genug. Ich muss weiter."

„Dann mach's gut, Paul."

„Jaja", knurrt der.

„Der Paul hat mal wieder seinen Rappel", sagt Herr Schulzki schmunzelnd zu seiner Frau.

„Was ist ein Rappel?", will Thorsten wissen.

„Wenn jemand anders ist als sonst", erklärt Frau Schulzki. „Wenn er leicht gereizt ist und ein bisschen spinnt, dann sagt man, er hat einen Rappel."

„Warum hat denn der Paul immer einen Rappel?", fragt Thorsten.

„Der hat nicht immer einen Rappel", antwortet Frau Schulzki, „sondern nur, wenn er so viel Arbeit hat wie jetzt. Stellt euch mal vor, was er bis zum Heiligen Abend alles austragen muss. Die vielen Glückwunschkarten, die Päckchen und Pakete ..."

„Es ist nicht nur die viele Arbeit", sagt Herr Schulzki. „Ich glaube, er spürt in der Adventszeit noch mehr als sonst, dass er keine Familie hat und ziemlich allein ist."

„Dann bekommt er ja auch gar keine Päckchen", sagt Christina.

„Wahrscheinlich nicht."

„Das ist aber ungerecht." Christina legt ihre Gabel weg. „Er muss allen Leuten Päckchen bringen und kriegt selbst keine."

„Tja, so ist das nun mal. Da kann man nichts machen", sagt Herr Schulzki achselzuckend.

„Doch", widerspricht Christina. „Dann müssen wir eben ein Päckchen für ihn machen."

„Au ja!", ruft Jan begeistert. „Das machen wir."

Auch Thorsten und die Eltern finden Christinas Idee prima.

„Aber was sollen wir ihm schenken?", fragt Jan.

Das ist eine gute Frage. Sie überlegen lange und machen viele Vorschläge. Einen Hund, einen Vogel, Handschuhe, Ohrenschützer, Zigarren, ein Buch, eine Schallplatte, etwas zum Spielen oder Basteln oder ...

„Nein", sagt Christina schließlich. „Das ist alles nicht das Richtige."

Und so beschließen die Kinder sich im Dorf umzuhören ...

Am Heiligabend machen sich Jan, Christina und Thorsten kurz nach fünf auf den Weg zu Paul Huber. Sie schleichen zu seinem Haus, legen ein Päckchen vor die Tür und klingeln. Dann rennen sie wieder zurück und verstecken sich hinter einem Strauch.

Das Hoflicht geht an, Paul Huber öffnet die Tür. Er schaut sich um. „Ist da jemand?"

Er kommt zwei, drei Schritte heraus, dabei stößt er mit dem Fuß gegen das Päckchen.

„Was ist denn das?", murmelt er und hebt es auf. „Ein Päckchen?" Er schaut sich noch einmal um und schüttelt den Kopf. „Komisch." Dann geht er mit dem Päckchen ins Haus.

„Für Paul Huber", liest er und schüttelt wieder den Kopf. Er zieht an der Schlaufe und entfernt das rote Band. Dann reißt er vorsichtig das Papier auf und öffnet das Päckchen.

Heraus kommt ein Marzipanschwein – und noch ein Päckchen. Paul Huber öffnet auch das. Und wieder ist ein Marzipanschwein drin – und noch ein Päckchen. So geht das weiter.

Schließlich stehen sechs Marzipanschweinchen auf dem Tisch und gucken Paul Huber an.

„Schade, dass wir sein Gesicht nicht sehen können", flüstert Jan draußen.

„Ich kann es mir vorstellen", flüstert Christina zurück.

„Ich auch."

Manfred Mai

84

Von Apfelkern und Spinnwebstern

Es waren noch drei Tage bis Weihnachten. Draußen war Schnee gefallen, und die Kinder hatten den Schlitten aus dem Keller geholt.

„Seid vorsichtig!", hatte der Vater gesagt, „dass ihr die Zweige vom Tannenbaum nicht abbrecht. Ich habe ihn unten an der Kellertreppe in den Ständer gestellt."

Im Keller, ganz hinten am Wasserrohr, hinter alten Koffern und Schachteln, hatte die Mäusefamilie ihr Nest eingerichtet.

Dieses Jahr durften Fips und Fops, die beiden Mäusejungen, zum ersten Mal das Weihnachtsfest erleben. „Aber seid vorsichtig!", warnte die Mäusemutter, „ich glaube, der graue Kater hat uns schon piepsen gehört. Und knabbert die Kekse auf dem Blech nicht an! Nur die Krümel, die dazwischen liegen, und was auf dem Boden liegt, dürft ihr vernaschen. Wenn die Hausfrau was merkt, sind wir geliefert. Ihr habt nämlich noch keine Erfahrung mit Mäusefallen!"

Fips und Fops flitzten zwischen den Regalen hin und her. Überall fanden sie noch etwas, hier eine abgefallene Rosine, da ein Stückchen Haselnuss oder eine Scheibe Speck. Die fraßen sie ratzeputz auf.

„Lasst bloß keine Spuren zurück von euren spitzen Mäusezähnen!", hatte ihnen die Mäusemutter eingeschärft.

Am Tag vor Weihnachten wurde es draußen noch kälter. Lange Eiszapfen hingen vor dem Kellerfenster. Durch einen kleinen Spalt krabbelten drei halb erfrorene Spinnen in den warmen Keller hinein. Fips sprang entsetzt zur Seite. Aber die Mäusemutter sagte nur: „Ihr braucht keine Angst zu haben! Die tun euch nichts! Die suchen sich ein sicheres Plätzchen in der hintersten Ecke im Keller. Wenn die Hausfrau die erwischt, ist es aus mit ihnen!"

„Danke, ihr lieben Mäuse", flüsterte die größte Spinne, „wir wären ja schon viel eher gekommen. Aber jedes Jahr vor Weihnachten gibt es so ein schreckliches Großreinemachen bei den Menschen. Da sind wir unseres Lebens nicht mehr sicher. Die großen Pustewindmaschinen saugen uns aus allen Ecken. Da ist es besser, wenn wir uns solange draußen unter der Regenrinne verstecken."

„Kommt nur herein!", lachte der Mäusevater, „wir kennen uns ja schon vom letzten Jahr. Ihr seid die besten Netzeweber weit und breit. Auf der Tanne im Garten habt ihr neulich ein so schönes Netz gezaubert. Ich hab's im Raureif bewundert. Wie ein großer Stern mit ganz vielen Zacken sah das in der Wintersonne aus!"

„Ja, das war mein letztes Netz draußen! Jetzt ist's so kalt geworden, dass mir meine Spinnennetze bald abfrieren!", klagte die große Spinne.

„Nehmt einen Schluck von dem guten Weihnachtspunsch, den die Hausfrau schon angesetzt hat", lachte die Mäusemutter. „Dann wird euch wärmer!"

Da kamen auch Fips und Fops hinter dem Kartoffelkorb hervor. Weihnachtspunsch – das ließen sie sich nicht zweimal sagen.

Dann wurde es ganz vergnügt da unten im Keller. Die Mäusekinder spielten zwischen den Weinflaschen Anschleichen und Verstecken. Danach tobten sie in einem wilden Mäusetanz auf

dem großen Bierfass herum. Die Spinnen hoben ihre langen Beine und bewegten sich anmutig zwischen den Gurkenfässern hin und her. Einen langen Silberfaden spannen sie von Kellerfenster zu Kellerfenster und die große Spinne spann noch schnell in der Ecke eine kunstvolle kleine Silbersonne.

„Nicht so laut!", piepste die Mäusemutter, „sonst weckt ihr die Menschen oben in ihren Betten auf! Kommt mit, wir wollen uns den Weihnachtsbaum anschauen!"

Wie der Wind wieselten die Mäuse durch ihre geheimen Gänge nach oben in die Wohnstube und die Spinnen krabbelten ihnen nach. „Der graue Kater ist eingesperrt, da haben wir freie Bahn!", piepste der Mäusevater munter. Und dann standen sie vor dem

Weihnachtsbaum. Das Mondlicht fiel durchs Fenster. Die goldenen und silbernen Kugeln glitzerten. In den Zweigen saßen bunte Vögel mit langen glänzenden Schwänzen. Lebkuchen und Äpfel dufteten. Wupp – da waren Fips und Fops auch schon am Stamm hochgeklettert.

„Die Lebkuchenherzen schmecken besser als unten im Keller die Krümel!", piepste Fips mit vollem Mund. Fops stupste mit der Pfote an ein Silberglöckchen. „Nicht so laut!", mahnte der Mäusevater. Fips knabberte von dem größten rotbackigen Apfel und spuckte die Kerne in hohem Bogen auf den Fußboden.

„Wenn du dich am Weihnachtsabend nicht benehmen kannst, geht's gleich wieder ab in den Keller!", schimpfte die Mäusemutter.

Die drei Spinnen krabbelten in den Zweigen hin und her, hängten sich an die Lamettafäden und die größte Spinne webte an der Tannenspitze einen ganz gleichmäßigen schönen Stern.

Kritze, kratze, kratzte der graue Kater an der Zimmertür. „Der kriegt's fertig und springt an der Klinke empor!", piepste der Mäusevater. „Bloß schnell weg hier!" Und schon waren sie alle verschwunden.

Im Mondlicht drehte sich das Glöckchen noch eine Weile hin und her.

Am Weihnachtsmorgen beguckte sich die Hausfrau den Baum von allen Seiten. „Schön geschnitten ist er!", stellte sie fest. „Jetzt noch ein bisschen glänzenden Schnee auf die Zweige!"

Sie sprühte den leuchtenden Glanz bis hoch zur Spitze. Als abends die Kerzen angezündet wurden, konnten die Kinder sich nicht satt sehen.

„Das sieht aus wie Engelshaar, die langen Fäden. Guckt mal, und da oben glänzt so ein wunderbarer Stern! So einen schönen Baum haben wir noch nie gehabt!"

Unten im Keller flüsterte Fips noch kurz vor dem Einschlafen:

„Ich hab noch beide Backen voll,
das Kuchenherz, das schmeckte toll!"

Und Fops fügte hinzu:

„Ich seh noch alles wie im Traum,
die Silberfäden am Weihnachtsbaum.
Die Glocken und den Apfelkern
und ganz hoch oben den Spinnwebstern!"

Barbara Cratzius

Der Weihnachtswunsch

Kurz vor dem zweiten Adventssonntag bekam die kleine Michaela hitziges Fieber. Der Doktor verordnete Umschläge und verschrieb Medizin.

Michaelas Mutter setzte sich ans Krankenbett und erzählte von Zwergen. „Sie erfüllen die Weihnachtswünsche der Kinder", sagte sie.

„Es gibt keine Zwerge, die das machen", murmelte Michaela schläfrig. „Das glauben nur die ganz kleinen Kinder. Ich bin schon sieben Jahre alt. Ich weiß, dass die Weihnachtsgeschenke nicht von Zwergen ..." Mehr sagte sie nicht. Sie schlief ein.

Da geschah Seltsames. Ein kleiner Wicht, der so aussah wie der Gartenzwerg der Nachbarin, führte sie in einen hell beleuchteten Saal. Dort arbeiteten viele, viele Zwerge. Neben ihnen stapelte sich alles mögliche Spielzeug – vom Teddybär bis zum Computer.

An den Saalwänden hingen Wunschzettel, die von Jungen und Mädchen an das Christkind geschrieben waren. „Bis zum Heiligen Abend muss alles fertig sein", sagte der Gartenzwerg. Er wies

89

auf die Zwerge, die ein kleines Fahrzeug zusammenbastelten. „Das wird ein Kinderauto", erklärte er. „Eines mit einem richtigen Motor. Es kostet so viel wie ein Moped. Martin aus Brummdorf soll es bekommen. Er ist sechs Jahre alt."

„Und – und die Zwerge da?", stotterte Michaela.

„Die backen Brot", antwortete der Gartenzwerg. „Das wünschen sich Kinder, die sich einmal satt essen möchten."

Eine Saalwand wurde durchsichtig. Dahinter drängten sich Jungen und Mädchen: kleine und große, schwarze, gelbe und weiße. Sie waren abgemagert und streckten die Hände nach dem Brot aus.

Michaela wandte sich ab – und erwachte. Es war heller Tag. Mutter kam herein. „Du siehst schon besser aus", sagte sie. „Was wünschst du dir denn zu Weihnachten?"

Michaela dachte daran, dass ihr Vater gut verdiente. „Fünfzig Mark für hungernde Kinder", antwortete sie. „Bitte." Mutter nickte ...

Zu Weihnachten bekam Michaela nette kleine Geschenke. Am meisten freute sie sich, dass Vater zweihundert Mark für hungernde Kinder gespendet hatte. Als Einzahler stand auf der Spendenquittung: „Michaela".

Josef Carl Grund

Lena wartet aufs Christkind

Endlich ist der Heilige Abend da! Das heißt, eigentlich ist es erst nachmittag und die Zeit vergeht ganz, ganz langsam.

Lena wartet aufs Christkind. Sie sieht aus dem Fenster. Die Straßen sind fast menschenleer.

Im Park an der Ecke spielen zwei Jungen und ein Mädchen im Schnee.

Aber nichts auf der Welt lockt Lena heute nach draußen! Viel zu aufregend ist die knisternde Spannung zu Hause: das verschlossene Wohnzimmer, das Rascheln von Papier, das Klirren von feinem Glas, das heimliche Huschen und Flüstern.

„Ich brauche einen Schraubenzieher!", ruft Papa plötzlich.

Wozu in aller Welt braucht er jetzt einen Schraubenzieher? Lena holt ihn.

Als sie an der Küche vorbeikommt, riecht es nach Zimtsternen und Mandarinen. Mama richtet die „bunten Teller" her.

Als Lena den Schraubenzieher bringt, zieht Papa gerade ein

91

großes Paket ins Zimmer. „Willst du wohl gleich wieder verschwinden!", ruft Papa, als er Lenas neugierige Blicke bemerkt.

Lenas Herz hüpft vor Freude. Das ist doch der Beweis, dass das
Paket für sie bestimmt ist, oder nicht?

Während Lena am Fenster vor sich hin träumt, wird es draußen
dunkel. Im Giebelhaus gegenüber geht das Licht an. Frau Bachmann kommt ans Fenster. Lena winkt. Aber die alte Frau bemerkt
sie nicht. Sie zieht die Gardine zu. Doch die hakt und reißt an einem Ende aus. Frau Bachmann holt einen Stuhl und steigt hinauf.
Da fällt die alte Frau plötzlich vom Stuhl.

Hoffentlich ist nichts passiert, denkt Lena. Bestimmt steht sie
gleich wieder auf!

Aber nichts rührt sich. Lena sieht nur die halb heruntergerissene
Gardine.

„Mama! Papa!", ruft Lena und rennt zum Wohnzimmer.
„Schnell! Die alte Frau Bachmann ..." Hastig erzählt sie, was passiert ist.

„Wir müssen nachsehen", sagt Mama.

92

„Ich komme mit", sagt Papa.

Lena läuft hinter ihnen die Treppe hinunter. Sie klingeln bei Bachmann, aber niemand macht auf. Sie klingeln bei den Nachbarn.

„Ich glaub, die sind über Weihnachten verreist", sagt Lena.

Lenas Vater klettert einfach über das Gittertor in den Hof. Die Hintertür ist ebenfalls verschlossen. Aber sie hat ein Glasfenster. Papa zögert einen Augenblick, dann schlägt er es ein. Jetzt kann er die Tür von innen entriegeln.

Inzwischen sind auch Lena und Mama da.

„Wie ein gelernter Einbrecher", staunt Mama.

Aber da stürmt Papa schon die Treppe hoch. Er klopft an die Tür, doch er hört nur ein leises Stöhnen.

„Ich brech die Tür auf und du holst den Krankenwagen", sagt er zu Mama. Er braucht mit seinen kräftigen Schultern nur heftig dagegen zu drücken, da springt das Schloss aus dem morschen Holz.

Frau Bachmann liegt auf dem Boden neben dem Fenster. Das linke Bein ist unnatürlich abgeknickt. Sie kann sich nicht bewegen, weil auch die Rippen höllisch schmerzen.

„Ich wollte doch nur – die Gardine ...", stammelt sie und will sich aufrichten.

„Bleiben Sie um Himmels willen ruhig liegen. Vermutlich ist das Bein gebrochen. Meine Frau verständigt schon den Krankenwagen!", beruhigt Papa sie.

Endlich kommen die Sanitäter. Sie bringen Frau Bachmann ins Krankenhaus.

Wenig später sitzt Lena unter dem Tannenbaum. Sie packt ihre Geschenke aus und sagt plötzlich: „Ich muss immer an die arme Frau Bachmann denken. Bestimmt ist sie traurig. Und ganz allein ist sie auch. Können wir sie nicht besuchen?"

Lenas Eltern finden, dass das eine gute Idee ist.

Kurz darauf machen sie sich auf den Weg ins Krankenhaus. Es schneit. Lena findet, Papa sieht in seinem Fellmantel wie ein echter Weihnachtsmann aus. In Mamas Korb liegen ein paar Plätzchen, ein kleines Buch, Kerzen, Obst und Süßigkeiten.

Lena hat Tannenzweige unter dem Arm. Aufgeregt hüpft sie neben den Eltern her.

„So eine Überraschung!", ruft Frau Bachmann, als die drei in der Tür stehen. Für einen Augenblick vergisst sie die Schmerzen in ihrem Bein.

„Frohe Weihnachten!", sagt Lena. Sie legt die Zweige auf den Tisch und zündet die Kerzen an. Zum ersten Mal spürt sie, dass schenken genauso aufregend sein kann wie beschenkt werden.

Ursel Scheffler

Von Engeln, Hirten und dem
Kind in der Krippe

Die Engelgeschichte

Mariechen war sechzig Jahre lang ein Engel.

Als sie noch ein Kind war, lernte sie schwer in der Schule. Darum sollte sie auch keine Rolle in dem Krippenspiel bekommen, das jedes Jahr zu Weihnachten von den Kindern der letzten Schulklasse aufgeführt wurde. Es war ein altes Spiel mit langen, schwierigen Versen. Die Hauptrollen konnten sich nur sehr gescheite Schüler merken. Doch eine kleine Rolle bekam fast jeder, sei es als Hirte, Bauer, Soldat, Ochs oder Esel. Alle hatten einige Worte herzusagen. Nur Mariechen durfte nicht mitmachen, denn sie konnte beim besten Willen nichts behalten. Darüber war sie sehr unglücklich.

Endlich war es so weit, dass die Kostüme anprobiert wurden, die so alt wie das Krippenspiel waren. Sie wurden jedes Jahr, wenn es nötig war, geflickt und enger, weiter, länger oder kürzer gemacht. Die Hirten steckten in groben Kitteln, Maria hatte einen schönen Umhang und Joseph einen Schlapphut. Die Tiere trugen Köpfe aus Pappmaschee und hüllten sich in richtiges Fell. Aber das Eindrucksvollste waren die Flügel, die der Engel bekam. Sie waren aus Gänsefedern und reichten vom Boden, den sie mit den Spitzen streiften, bis hoch über den Kopf hinaus. Sie wurden mit ledernen Riemen kreuzweise über der Brust festgeschnallt und waren sehr schwer.

In diesem Jahr spielte ein Kind den Engel, das genau so aussah, wie man sich einen Engel vorstellt: schmal und lang und mit wunderschönen blonden Haaren. Als es einen ganzen Nachmittag mit den Flügeln geprobt hatte, brach es in Tränen aus und sagte, es könnte mit diesen Dingern auf dem Rücken nicht so lange herumstehen, die Flügel seien ihm viel zu schwer. Es blieb nichts anderes übrig, als die schweren Federflügel in die Ecke zu stellen und statt ihrer dem Engel leichte Flügel aus Goldpapier zu kleben.

Als alle Kinder wieder auf der Bühne standen, schnallte sich Mariechen, die für ihr Alter groß und kräftig war, die verschmäh-

ten Flügel um. Ihr waren sie nicht zu schwer. Sie ging auf die Bühne, stellte sich hinter den Goldpapierengel und lächelte glücklich, mit einem feuerroten Gesicht. Und niemand brachte es übers Herz, Mariechen zu vertreiben. So traten in dem Krippenspiel diesmal zwei Engel auf: einer, der die vielen Verse hersagte, und ein anderer, der stumm und stolz daneben stand.

Im Frühjahr gingen alle Kinder, die mitgespielt hatten, von der Schule ab. Nur Mariechen blieb sitzen.

97

Darum war sie noch einmal dabei, als das Krippenspiel aufgeführt wurde, und war wieder der stumme Engel. Ganz selbstverständlich nahm sie danach die großen Flügel mit nach Hause und steckte sie hinter ihre Kleider in den Schrank.

Weil Rechnen, Lesen und alles, was man sonst noch lernen musste, Mariechen auch weiterhin schwer fiel, blieb sie ein zweites Mal sitzen. Manche munkelten, dass es Mariechen darauf angelegt hätte, um wieder den Engel zu spielen, aber das war sicher nicht so. Denn auch in den folgenden Jahren, als sie in der Lehre war, erschien Mariechen mit ihren Flügeln, wenn die Proben für das Krippenspiel begannen.

Jetzt wurde sie bereits überall das Engelmariechen genannt. Das gefiel ihr und sie mochte es, wenn die Leute zu ihr sagten: Du bist wirklich ein Engel! Sie sagten das oft zu ihr, weil Mariechen anpackte und half, wo sie konnte. Und Mariechen tat alles, damit sie es recht oft sagten. Sie schichtete Holz, sie passte auf die kleinen Kinder auf, brachte Pakete zur Post, grub Gemüsebeete um, hing Wäsche auf, rührte stundenlang Pflaumenmus, schaufelte Schnee, putzte Silber und war überall zur Stelle, wo sie gebraucht wurde.

Einmal wurde sie sogar gebeten, anstelle des Weihnachtsmannes zu bescheren. Vor dem Weihnachtsmann hatten die Kinder Angst, doch vor Mariechen nicht. Darauf war sie sehr stolz. Pünktlich stand sie mit ihren Flügeln zur ausgemachten Zeit vor der Tür. Sie ließ sich von den Kindern Gedichte aufsagen, sang mit ihnen und kippte den Sack aus, in den die Eltern vorher Geschenke gesteckt hatten.

Und mit der Zeit wollten immer mehr Leute das Engelmariechen zum Bescheren haben. Um niemanden zu vergessen und um nichts durcheinanderzubringen, mussten sich alle bei ihr in ein kleines Buch eintragen. Diese Voranmeldung nahm Mariechen vom ersten Advent an entgegen. Nur die Zeit für die Proben zum Krippenspiel wurde ausgespart, denn Mariechen legte großen

Wert darauf, nicht eine einzige zu versäumen. Sonst aber eilte sie vor Weihnachten in jeder freien Stunde durch die Straßen. Sie trug hohe Schnürstiefel und hatte die Flügel über ihren Wintermantel geschnallt. Wenn es schneite, schützte sie die Federn mit einem Regenumhang, der weit gebauscht hinter ihr herwehte. Stets hüpften und sprangen einige Kinder um sie herum.

Es war nicht leicht, einen Termin bei Mariechen zu bekommen, denn sie war fast immer ausgebucht.

Und nach wie vor stand Mariechen beim Krippenspiel als stummer Engel auf der Bühne.

Sie war mit der Zeit recht rundlich geworden. Ihre Haare wurden erst grau und dann weiß. Nur Fremde, die zufällig das Spiel sahen, wunderten sich über den alten Engel zwischen all den Kindern.

Und nur Leute, die neu zuzogen, lachten, wenn sie das Engelmariechen zum ersten Mal zur Weihnachtszeit auf der Straße sahen. Im Jahr darauf lachten sie schon nicht mehr, denn da hatten sie bereits herausgefunden, dass Mariechen ein Engel war.

Sie hat nie geheiratet, das fand sie nicht angemessen. Von verheirateten Engeln hatte sie nie gehört.

Als sie nicht mehr gut zu Fuß war, kam sie ins Altersheim. Die Flügel schienen von Jahr zu Jahr schwerer zu werden. Doch nie wäre Mariechen eingefallen, sich welche aus Goldpapier über den Rücken zu hängen. Immer noch lief sie in der Weihnachtszeit mit den mächtigen Flügeln herum, bescherte die Kinder und war beim Krippenspiel dabei.

Mariechen war sechzig Jahre lang ein Engel.

Im letzten Frühjahr ist sie gestorben. Da hat man die Flügel unten in den Sarg gelegt und das Mariechen darauf. So ist sie begraben.

Margret Rettich

Ein Geschenk für Mama und Papa

Am Tag vor Weihnachten hat Jesper immer noch kein Geschenk für Mama und Papa.

Janna hat ihnen im Kindergarten einen Briefbeschwerer gebastelt, und Jule ist noch zu klein, aber Jesper ist groß genug und hat noch gar nichts.

Vor zwei Tagen, da hatte Jesper auch noch was. Da hatte er in der Schule einen Kalender gebastelt, für fast jeden Monat ein Bild gemalt. Aber gestern durften sie den Kalender mit nach Hause nehmen und da musste Jesper sich auf dem Rückweg leider mit Nicki prügeln. Dabei ist der Kalender in den Matsch gefallen. Und nun ist er nicht mehr so schön.

Ein Weihnachtsgedicht weiß Jesper auch nicht. Janna sagt „Denkt euch, ich habe das Christkind gesehn" und Jule ist noch zu klein, aber Jesper ist groß genug und kennt trotzdem kein Gedicht. Nur „Lieber guter Weihnachtsmann" und das ist für Babys und nicht für Jungs, die gleich nach Weihnachten sieben werden.

„Sowieso sind Gedichte Babykram", sagt Jesper böse und gibt

101

der Weihnachtspyramide einen Schubs, dass die Hirten und Könige wie wild nach Bethlehem rennen. Immer im Kreis.

„Geschenke sind auch doof" und er schubst die Pyramide in der entgegengesetzten Richtung. Jetzt flitzen die Könige rückwärts.

Und genau da fällt es ihm ein und Jesper wundert sich nur, dass er den wunderbaren Gedanken nicht schon vorher gehabt hat.

„Janna!", schreit Jesper und saust den Flur entlang zum Kinderzimmer. „Jule! Wir führen ein Krippenspiel auf!"

„Wer?", fragt Janna. Sie sitzt in ihrem Zimmer auf dem Boden und malt schon wieder ein Weihnachtsbild.

„Wo?"

„*Wir* führen das auf!", sagt Jesper und nimmt Jannas Blatt vom Boden. „Für Mama und Papa! Als Weihnachtsüberraschung! Wenn wir ins Weihnachtszimmer kommen. Dann brauchst du auch dein Gedicht nicht zu sagen", sagt Jesper energisch. „Gedicht *und* Krippenspiel ist natürlich zu viel."

Janna guckt Jesper misstrauisch an. „Das geht ja gar nicht", sagt

sie und greift nach ihrem Zeichenblock. „Wir sind ja nicht genug Leute."

„Sind wir wohl!", sagt Jesper wütend. Bei ihm in der Klasse haben sie auch ein Krippenspiel aufgeführt, aber er hat nicht mitgepielt. Das durften nur die Kinder, die gut auswendig lernen können. Und die Kinder, die nicht so zappelig sind. So ein Kind ist Jesper leider nicht.

„Ich bin der heilige Engel des Herrn", sagt Jesper und zieht sich seine Jeans aus. Der Engel in der Schule hatte auch eine Strumpfhose an. „Der ist der Boss."

„Immer willst du der Boss sein!", sagt Janna maulig. „Dann mach ich aber nicht mit, dass du es bloß weißt!"

„Du kannst auch der Boss sein", sagt Jesper schnell. „Ich bin der Engel des Herrn, der ist Erstboss, und du bist Maria, die ist Zweitboss. Und Jule kann die Hirten sein."

„Meinetwegen", sagt Janna und steht vom Fußboden auf. Jetzt sieht sie aus, als ob sie auch langsam Lust bekommt.

„Komm, Jule, du bist die Hirten auf dem Felde", sagt Jesper und holt Jule aus ihrem Gitterbett. Da hüpft sie immer auf und ab mit Anna-Pouchette auf dem Arm. „Du lagerst dich da in der Düsternis" und er zieht sie zur Ecke mit dem Puppenherd.

„Hopsen!", schreit Jule und streckt ihre Arme zum Gitterbett hin. „Hopsen, Jule!"

„Da ist die Düsternis?", fragt Janna und guckt Jesper aufgeregt an.

„Auf dem Felde", sagt Jesper und nickt energisch. „Bis der Engel des Herrn kommt" und er schaltet das Licht aus.

„Hell!", kreischt Jule und springt aus ihrer Ecke zur Tür. „Hell machen, Jule!"

„Ja, ja, gleich, nun beruhige dich mal", sagt Jesper und zieht sie zum Puppenherd zurück. „Der Engel kommt ja gleich. Und der erleuchtet die Nacht" und Jesper knipst die Lichtschalter an.

„Oh, toll, Jesper", sagt Janna begeistert. „Und wo ist die Krippe?"

Jesper guckt sich um. Dann zieht er den Puppenwagen in die Mitte.

„Hier", sagt er und klappt das Verdeck nach unten. „Die Räder musst du dir wegdenken. Und Anna-Pouchette kann der Jesus sein" und er nimmt Jule ihre Puppe einfach weg und legt sie in die Krippe.

„Pouchette!", schreit Jule und stampft mit dem Fuß. „Haben, Pouchette! Jule haben!"

„Ja, ja, ja, gleich!", sagt Jesper ungeduldig. „Du kriegst sie ja wieder! Aber das Krippenspiel muss doch richtig sein, Julemaus, oder?"

„Haben, Pouchette!", schreit Jule und jetzt fängt sie sogar an zu heulen. „Jule haben!"

Jesper hält Pouchette so hoch in die Luft, wie er nur kann, und

Jule zieht an seinen Hosenbeinen. „Das ist doch Jesus, du dummes Kind!", schreit er. „Den kannst du nicht haben! Den *hatten* die Hirten nicht!"

„Mama!", brüllt Jule und rennt zur Tür. „Mama, haben! Haben, Pouchette!"

Aber Janna kriegt sie gerade noch zu fassen.

„Du kannst sie ja haben, kleine Maus", sagt sie und rüttelt Jule beruhigend ein bisschen an den Armen. „Wir spielen eine andere Weihnachtsgeschichte. Da haben die Hirten das Kind."

„Die Hirten?", sagt Jesper und starrt Janna verblüfft an. „Das geht ja gar nicht!"

„Wohl geht das", sagt Janna bestimmt und kniet sich vor den leeren Puppenwagen. Jule hockt mit Pouchette vor dem Puppenherd und nuckelt am Daumen. „Da finden die Hirten das Kind in der Düsternis und dann erscheint ihnen der heilige Engel des Herrn und ruft: Siehe, siehe, ich verkündige euch große Freude! Ruckedigu, ruckedigu, Blut ist im Schuh, der Schuh ist zu klein ..."

105

„Das kann ich mir nicht merken", sagt Jesper düster.

„Dann sagst du was anderes", sagt Janna ungeduldig, „aber was sich reimt, ist am schönsten. Und dann bringen die Hirten Maria das Kind und Maria sagt: Denkt euch, ich habe das Christkind gesehn."

„Und ich?", fragt Jesper.

„Du bist Erstboss", sagt Janna. „Du bringst die Hirten zur Krippe und wenn sie das Kind reingetan haben, machst du mit den Armen immer so über Kreuz wie die Fee bei Dornröschen und sagst: Jesuskind, schlafe hundert Jahr. Das kannst du doch?"

„So geht das ja gar nicht!", sagt Jesper böse.

„Unser Krippenspiel doch", sagt Janna. „Und ein Lied singen wir auch. Am Schluss."

„Aber ich will fliegen", sagt Jesper. Das findet er am besten. „Der Engel kann fliegen wie Supermann und unsichtbar sein wie Pumuckl" und er zerrt das Laken von Jannas Bett. „Binde mir mal um. Das sind die Flügel."

Janna kann schon eine Schleife und weil sie Schleifen binden kann, bindet sie Jesper das Laken um, dass es ihm weiß auf dem Rücken flattert. Dann machen sie das Licht aus und Jesper springt immerzu mit wehendem Laken vom Bett und schreit: „Heilig! Heilig! Heilig!"

Und Jule sitzt in der Ecke beim Puppenherd und hält Pouchette fest und schreit: „Hell machen!" Aber das ist nicht so schlimm, weil man es bei dem Krach sowieso nicht hört. Und als der heilige Engel sie zum Puppenwagen zerrt, will sie zuerst nicht mitkommen, und Pouchette in die Krippe legen will sie schon gar nicht.

Da flüstert Janna ihr ins Ohr, dass sie dann aber nachher auch einen Keks kriegt, und da tut sie es doch. Nur dass sie immer „Pouchette! Pouchette!" schreit, obwohl Jesper ihr erklärt, dass es „Jesus, Jesus" heißen muss.

Aber sonst ist das Krippenspiel sehr schön und als Mama nachgucken kommt, warum die Kinder so laut sind, verraten sie kein Sterbenswörtchen. Nicht mal, als Mama über das Laken schimpft.

Und Jesper geht zufrieden ins Bett. Vielleicht schafft er es sogar noch, Jule dazu zu kriegen, dass sie morgen Papas alte Fellmütze aufsetzt. Damit sie richtig hirtenmäßig aussieht.

So ein schönes Geschenk wie diese Weihnachtsaufführung haben Mama und Papa bestimmt noch nie gekriegt. Die ist ja tausendmal besser als ein alter Kalender und ein altes Gedicht.

Kirsten Boie

Engel ohne Flügel

„Das Wichtigste sind die Flügel", sagte Katja. „Ohne Flügel kann ich keinen Engel spielen. Wenn ich keinen Engel spielen kann, wird das Weihnachtsmärchen in der Schule ohne mich gespielt. Das will ich nicht! Dann lege ich mich ins Bett, ziehe mir die Decke über die Ohren und weine ganz fürchterlich."

„Man kann eine Sache übertreiben", meinte der Vater. „Von den Flügeln hängt die Welt nicht ab."

„Meine schon", antwortete Katja. Sie ging in ihr Zimmer, legte sich ins Bett und weinte. Die Erwachsenen mit ihren Sprüchen!

Warum wollten die Eltern nicht einsehen, dass Flügel ganz schrecklich wichtig waren?

Die Mutter kam ins Zimmer und setzte sich auf den Bettrand. „Katja", sie seufzte. „Was sollen wir machen? Es gibt keine Flügel für Engel zu kaufen."

„Dann müsst ihr mir eben welche basteln", kam es schluchzend unter der Bettdecke hervor. „Das machen die anderen Eltern auch."

„Basteln, du lieber Himmel!" Die Mutter hatte keine Ahnung, was sie machen sollte. „Du weißt doch, dass wir beide sehr ungeschickt sind, der Papa und ich. Wir haben zwei linke Hände. Wie können wir dir denn Flügel basteln?"

„Ihr müsst euch eben Mühe geben", sagte Katja. Sie steckte den Kopf unter der Bettdecke hervor und sah die Mutter an. „Bitte, macht mir doch Flügel! Ganz große, weiße, mit viel glitzerndem Goldstaub darauf. Bitte, bitte!"

Inzwischen war auch der Vater hereingekommen und hörte, was Katja sagte. Die Eltern blickten sich ratlos an. Sie dachten lange nach. Dann sagte die Mutter: „Wir müssten ganz feste Pappe haben. Darauf zeichnen wir die Form eines Flügels und schneiden ihn dann aus."

„Ich brauche aber zwei Flügel", rief Katja.

„Lass mich ausreden", die Mutter bekam vor Aufregung feuerrote Ohren. „Zuerst zeichnen wir also einen Flügel, schneiden ihn aus, legen ihn auf die Pappe und zeichnen den anderen danach."

„Das ist die Lösung", nun bekam auch der Vater rote Ohren. „Wir müssen die Flügel seitenverkehrt zusammenbinden und fertig ist der Lack."

„Aber ich kann doch nicht mit zwei braunen Flügeln aus Pappe herumlaufen", wandte Katja ein. „Wie sieht denn das aus?"

Die Eltern überlegten. Schließlich meinte die Mutter: „Wenn wir weißes Krepppapier kaufen, solches, wie man es um Blumentöpfe tut, wenn wir das Papier ganz eng um die Flügel wickeln, dann wären sie weiß. Mit dem Finger kann man schöne Dauerwellen in den oberen Rand des Papiers machen. Wie gefällt dir das?"

Katja zuckte die Achseln. Zwei Flügel aus Pappe, mit weißem Papier umwickelt, nun, das klang nicht sehr verlockend. Trotzdem sagte sie: „Na schön, versucht es!" Doch viel Vertrauen hatte sie nicht.

Tagelang arbeiteten die Eltern in fieberhafter Aufregung. Sie hatten, wie geplant, Pappe gekauft, die Flügel ausgeschnitten, und nun wickelten sie das Krepppapier herum. Schicht um Schicht, ganz eng, mit vielen Wellen am Oberrand – das war eine schwierige Angelegenheit. Die Eltern arbeiteten sogar in der Nacht.

Katja sah erstaunt, wie die Flügelherstellung Fortschritte machte. Nein, so ungeschickt, wie sie gedacht hatte, waren ihre Eltern nicht. Und von vier linken Händen konnte keine Rede sein.

109

Einen Tag vor der Aufführung waren die Flügel fertig. Sie sahen großartig aus! So wunderschöne Flügel hatte noch kein Engel gehabt: herrlich geschwungen, groß, strahlend weiß und mit goldenem Staub bedeckt – einfach umwerfend. Katja band sie sich um und legte sie den ganzen Tag nicht mehr ab. Dann stellte sie sich ans Fenster, breitete die Arme aus und bildete sich ein, sie flöge geradewegs in den Himmel zum Christkind. So tolle Flügel waren das.

Am Abend der Premiere herrschte große Aufregung. Alles schnatterte und flatterte durcheinander, wie eine aufgescheuchte Gänseschar. Katjas Flügel lagen auf einem Tisch, sorgfältig eingepackt, damit sie nicht schmutzig werden konnten.

Endlich kam Katjas Auftritt. Sie spielte den Engel trotz Lampenfieber sehr gut, sah in dem weißen Kleid wirklich engelhaft aus. Auch ihren Text konnte sie wie am Schnürchen. Sie bekam sogar Sonderapplaus.

110

Die Eltern saßen im Zuschauerraum. Sie waren sehr stolz und klatschten mit den anderen um die Wette.

„Es war hervorragend", lobte die Lehrerin. „Nur – warum hattest du deine Flügel nicht um?"

„Was?!"

Katja stand wie angewurzelt da. Die Flügel lagen noch immer auf dem Tisch, unbenutzt und verpackt. Sie hatte sie vergessen. Einfach vergessen.

„Du bist ein prächtiger Engel gewesen", sagte die Mutter, als sie Katja ins Bett brachte. Auch der Vater war dabei und gab Katja einen dicken Kuss. „Lass dir ganz herzlich gratulieren", sagte er. „Alle Zuschauer haben nur von dir gesprochen, mein Engel."

„Aber die Flügel", schluchzte sie. „An die Flügel habe ich nicht gedacht!"

„Das ist keinem aufgefallen", tröstete die Mutter. „Weißt du was? Am besten, du hebst sie dir auf, zur Erinnerung."

Katja war sehr niedergeschlagen. Tagelang und auch die halben Nächte durch hatten die Eltern an den Flügeln gearbeitet. Es war ihnen nicht leicht gefallen. Und dann ...

„Es tut mir so Leid", sagte Katja leise. Sie streichelte die Flügel, die sie mit ins Bett genommen hatte. Ihre Tränen fielen auf das weiße Papier und schwemmten ein bisschen Goldstaub hinweg. „Wenn ihr mich wenigstens ausschimpfen würdet –!"

Doch die Eltern lachten nur und meinten: „Es hat Spaß gemacht dir zu helfen."

Katja hob die Flügel viele Jahre lang auf. Auch als sie erwachsen war, betrachtete sie sie ab und zu. Unansehnlich waren sie geworden, vergilbt das Papier, die Pappe brüchig. Doch Katja fand noch immer, dass es die schönsten Flügel waren, die ein Engel haben konnte.

Doris Jannausch

Josef und der Muskelmann

Ein plastikgrüner Muskelmann mit breiten Schultern, kräftigen Armen und gewaltigen Muskelpaketen sprang in der Weihnachtsnacht vom Gabentisch und näherte sich mit bedrohlicher Miene der Krippe unter dem Christbaum.

„Wer seid ihr", knurrte er und warf Josef mit einem Nasenstups um. „Was habt ihr jämmerlichen Gestalten an so einem Festtag hier verloren? Alt siehst du aus und armselig und vom Kämpfen scheinst du auch nicht viel zu halten!"

Josef rappelte sich mühsam auf und zupfte sich ein paar Strohhalme vom Gewand. „Man nennt mich Josef", stellte er sich vor. „Ich bin hier mit Weib und Kind und guten Freunden. Und was das Kämpfen betrifft, so ..."

„Ha!" Muskelmann bog sich vor Lachen. „Feige! Nicht wahr? Hätte mich gewundert. Von einem Herrn Josef habe ich auch noch nie etwas gehört. Und dabei habe ich schon gegen alles, was Rang und Namen hat, Monster und Ungeheuer eingeschlossen, ge-kämpft. Und klar", Muskelmann ließ seine Muskeln spielen, „ich habe sie alle besiegt. Ich bin der größte Held des Universums und der Liebling aller Kinder."

„Interessant", sagte Josef höflich.

Der größte Held des Universum kniff ein Auge zu. Er schien nachzudenken. „Dich allerdings", sagte er schließlich, „habe ich noch nicht besiegt."

Josef schwieg.

„Du kennst mich etwa nicht?", herrschte Muskelmann Josef an.

„Doch." Josef nickte. „Du bist Supermann!"

Muskelmann lachte. „Ha! Den habe ich erst neulich besiegt. Su-permann ist nicht mehr super."

Josef nickte verstehend. „Aha. Dann bist du der berühmte Spin-nenmann?"

„Nein", grölte Muskelmann. „Der hält sich in dunklen Kinderzimmerecken vor mir versteckt, der Knilch."

„Ach so. Dann bist du Batman?"

„Nein."

„He-Man?"

„Auch nicht."

„Brontosaurus Rex?"

„Ne-e-ein." Muskelmann wurde langsam ungeduldig. Und wütend. „Alle meine Feinde kennst du? Nur mich nicht. Jämmerling, elender!"

Josef lächelte. „Ich lerne dich doch gerade kennen", sagte er sanft. „Du bist Muskelmann, der größte Held des Universums."

Muskelmann war wieder besänftigt. „Aber sag, woher kennst du all die anderen Kerle?"

„Oh", meinte Josef. „In den letzten Jahren hatte ich das Vergnügen in den Weihnachtsnächten ihre Bekanntschaft zu machen. Jedes Jahr stellte sich mir ein anderer der Herren vor. Ich habe viele Helden kennen gelernt: Oberzinnsoldat von Schwafelstein, Panzerkommandant Heldenfels, Räuberhauptmann Willnochmehr, Ritter von Klapperrost, Rittmeister von Fürchterling, Weltraummonster Argowix, Luftwaffenoberst von Wolkenbruch, Rennfahrer Musebrot, Dschungelriese Affenmann, Karatemeister Zambana, Cowboy Willi the Kid, den Riesen Ratlos, Vampir Rudolfo von ..."

Muskelmann wurde blass und immer blässer um die Nase. Schließlich hielt er es nicht mehr aus.

„Schluss! Aus! Schweig still!", schrie er und hielt sich die Ohren zu. „Mir wird ganz schlecht ..." Er fing an zu jammern. „Du kennst sie alle? Und keiner hat dich besiegt? Ojeoje. Wer bist du?"

„Kein Held", sagte Josef und klopfte Muskelmann besänftigend auf die Schulter.

Elke Bräunling

Der Bäckerengel

Im Sommer hatte er viel freie Zeit. Tagelang schwebte er im Blauen und starrte nach unten. Ihm gefiel die Erde, die er nicht kannte, weil er ein Engel war.

An einem Wintertag passte er nicht auf. Der Sturm fegte ihn von einer Wolke, und ehe er seine goldenen Flügel ausbreiten konnte, waren sie ihm abgerissen. Er stürzte durch Regen und Schneetreiben ab, in ein Tannendickicht, und dort blieb er betäubt liegen.

Als er erwachte, fror er in seinem Engelshemd. Er spürte kalte, harte Steine unter seinen Sohlen, splittriges Eis zerschnitt die zarte Haut, er setzte vorsichtig einen Fuß vor den anderen, musste um sein Gleichgewicht kämpfen, stürzte immer wieder auf die grobe Erde, empfand zum ersten Mal Schmerzen, konnte aber nicht weinen, weil er noch keine Tränen hatte.

Er schob sich aus dem Tannendickicht und sein dünnes Hemd zerriss. Er schaute nach oben, aber die Schneeflocken wirbelten so dicht, dass er keinen Himmel sah. Er hob die Arme. Er stieß sich mit den Füßen ab, reckte sich in die Höhe, aber nichts geschah, kein leichtes, rauschendes Gefühl des Schwebens.

So ging er den Waldweg weiter, zwischen verschneiten Stoppelfeldern hindurch, bis er die Dächer eines Dorfes sah.

Er spürte die Wärme zwischen den Mauern und lief schneller über den weichen glatten Schnee.

Hinter der ersten Scheune bauten Kinder einen Schneemann. Als sie den Engel in seinem zerfetzten Hemd sahen, starrten sie ihn zuerst schweigend an, dann lachten sie und verspotteten ihn. Er verstand aber nicht, was sie schrien. Sie warfen mit Schneebällen nach ihm und er floh. Die Kinder rannten hinter ihm her und schrien noch lauter.

Er lief um die Scheune herum, wieder aus dem Dorf hinaus, doch vor dem letzten Haus strauchelte er und die Kinder holten ihn ein und stießen ihn zu Boden.

Da ging die Tür auf und eine Frau trat heraus um nachzuschauen, was das für ein Lärm wäre.

Als sie den Engel im Schnee sah, scheuchte sie die Kinder davon und hob den Engel auf.

Ihr war im Sommer ein Sohn gestorben, der nicht viel größer gewesen war, und sie gab dem Engel seine Kleider, zeigte ihm seine Kammer und sein Bett und kochte ihm Suppe.

Ihrem Mann gefiel das fremde Kind auch und so blieb der Engel bei ihnen. Er lernte Wort für Wort ihre Sprache und dann befreundete er sich auch mit den anderen Kindern. Er sagte jedoch nie, woher er gekommen war.

So verging der Winter und der Engel sah den Schnee schmelzen, hörte den Regen auf die Schollen prasseln, ging hinter dem Mann aufs Feld und führte das Pferd beim Säen und beim Eggen. Er half

der Frau im Garten umgraben und Zwiebeln setzen, sah die Blumen aus der Erde wachsen, zupfte das Unkraut, und wenn mittags und zur Vesperzeit die Glocke läutete, wenn er sich sonntags zwischen den Mann und die Frau auf die Kirchenbank setzte, erfüllte ihn eine unbestimmte Erwartung.

Aber nichts geschah.

Er hörte die Sommergewitter grollen, sprang mit den anderen Kindern über das Johannisfeuer, schüttelte mit ihnen Pflaumen und pflückte im Wald Beeren und Haselnüsse.

Wenn er zu der Stelle im Tannendickicht kam, blieb er stehen und schaute empor. Er sah blauen Himmel, er sah Regenwolken, er sah einmal eine blasse Mondscheibe, und wenn er ein Mensch gewesen wäre, hätte er vor Sehnsucht geweint.

Dann wurden die Tage kürzer, morgens hing ein Dunst über den Wiesen und der Mann und der Engel pflückten die letzten Birnen und Äpfel. Die dicksten legte die Frau in die Ofenröhre, und wenn

117

sie das heiße, weiche, süße Fleisch gegessen hatten, zog die Frau den Engel auf den Schoß und erzählte mit leiser Stimme: Es war einmal ...

Der Engel lauschte den Geschichten, aber er fragte niemals: Was ist ein Riese? Was ist ein Zwerg? Was ein Löweneckerchen? Er saß gern auf dem Schoß der Frau, schaute gern in die rote Glut und hörte gern die leise, sanfte Stimme.

Als es kälter wurde, als alles Laub von den Bäumen gefallen war, begann er zu backen, wie er es zu dieser Jahreszeit gewohnt war. Die Frau erlaubte es ihm, weil sie ihm die Freude lassen wollte. Sie schaute seinen kleinen Händen zu, die vor Eile und Eifer silbern glänzten und sonderbar leicht mit dem Teig verfuhren. Sie half ihm, die ersten Lebkuchen auf ein Blech zu legen, und als sie gebacken waren, kostete sie ohne große Erwartung davon. Doch das Gebäck zerschmolz ihr im Munde und es schmeckte besser als alles, was sie je in ihrem Leben gegessen hatte. So backte der Engel bald voller Vergnügen für die ganze Nachbarschaft und für alle seine Freunde.

In einer Winternacht pochte es an die Tür, und als die Frau öffnete, trat ein weißbärtiger Mann ein.

Er sagte, er habe den Weg verloren, und die Frau hielt ihn für einen Reisenden und bot ihm den Platz am Ofen an.

Der Engel jedoch, der durch den Spalt der Küchentür lugte, erkannte, wer es war: Knecht Ruprecht.

Der Knecht trank heißen Pfefferminztee und biss ein Stück vom Engelsgebäck. Erstaunt blickte er auf und fragte: „Woher hast du den Kuchen?"

„Mein Junge hat ihn gemacht", erwiderte die Frau und zog den Engel in die Küche. Er blieb stumm vor dem Knecht stehen und wagte nicht aufzublicken.

Der Knecht beugte sich vor, schaute ihm ins Gesicht und sagte dann: „Du bist der Bäckerengel, den ich suchen soll."

„Ja", antwortete der Engel, „nimmst du mich wieder mit?"

Der Knecht nickte, doch da warf sich der Engel der Frau an den Hals und brach in Tränen aus. „Ich war so gern bei dir", schluchzte er.

Sie verstand nicht, was geschehen war, und der Knecht berichtete, wen sie ein Jahr lang als einen Sohn beherbergt hatte.

Da küsste sie den Engel und sagte: „Freu dich, mein Kind, dass du heimkehren kannst. Ich bleibe ja nicht allein zurück und wir behalten dich lieb und werden unser Lebtag an dich denken."

Er schaute den Mann an, und als er auch nickte, bedankte sich der Engel bei den beiden, ergriff Knecht Ruprechts Hand und trat mit ihm aus dem Hause.

Als sie ein paar Schritte gegangen waren, brach ein Licht wie ein Weg aus der Nacht und sie betraten diese Straße und gingen zurück in den Himmel.

Sybil Gräfin Schönfeldt

Im Stall soll's doch nicht stinken!

Heute basteln die Kinder in der Kindergruppe für Weihnachten.

„Ich hab mein Fensterbild bald fertig!", ruft Jessica stolz. Sie hält ihre Krippe mit Maria, Josef und den vielen Tieren vors Fenster. In der Wintersonne leuchten die Farben wunderschön, besonders der goldene Stern über der Krippe.

„Sieht toll aus!", stellt Daniela fest. „Wenn ich mit meinem Bild fertig bin, schneide ich einen Riesenstern für ein Fensterbild, mit ganz viel blauem Himmel ringsum!"

Judith und Merle haben Krippenfiguren auf Pappe aufgemalt. Sie schneiden sie aus und befestigen einen Kartonwinkel auf der Rückseite, damit die Könige, Hirten, Engel und die Tiere auch stehen können.

Am meisten Arbeit hat Thomas noch vor sich. Er muss noch die Kamele aussägen, schmirgeln und anmalen. Die Schäfchen, Ochs und Esel, die Hirten und Könige hat er schon fertig.

„Sieht echt stark aus, deine Krippe!", sagen die Kinder und bewundern die schönen bunten Holzfiguren.

Thomas hat auf einen großen Karton viele Strohhalme geklebt und auf dem Boden Stroh und Heu ausgebreitet.

„Fast wie der Stall in Bethlehem!", meint Michael.

Nun stellt Thomas die fertigen Figuren in den Stall. Ochs und Esel setzt er weit draußen vor die Stalltür.

„Sag mal, warum stellst du den Ochsen und den Esel nicht hinter die Krippe?", fragt Jessica. „So hab ich das immer auf alten Krippenbildern gesehen!"

„Nein", sagt Thomas entschieden, „das find ich nicht so gut. Die stinken doch so. Im letzten Jahr waren wir auf einem Bauernhof, da hat es so furchtbar gestunken aus dem Kuhstall! Soll das Christkind sich denn die Nase zuhalten müssen?"

Die anderen grinsen. Daniel meint: „Ich glaube, du kannst die Tiere doch näher an die Krippe rücken. Das Christkind ekelt sich bestimmt nicht. Das hat doch auch die Tiere lieb!"

Barbara Cratzius

Der Engel mit dem Gipsarm

Jetzt will ich euch erzählen, wie Dang Fratzer einmal einen Weihnachtsengel spielte.

Dang Fratzer geht in die dritte Klasse zu Frau Timm. Aber er sieht anders aus als die anderen Kinder. Seine richtigen Eltern waren Vietnamesen. Dang ist in Vietnam geboren. Das ist ein ganz fernes Land auf der anderen Seite der Erde. Als Dang zur Welt kam, wütete dort gerade ein schrecklicher Krieg. Nie möchte ich einem Kind wünschen, dass es in einem Land zur Welt kommt, in dem gerade Krieg ist. Etwas Schlimmeres kann man sich nicht denken. Dangs Eltern und alle seine Geschwister und Verwandten wurden von Soldaten getötet. Nur er allein blieb zurück.

Zum Glück war Dang noch klein und begriff nichts. Jemand brachte ihn in ein Waisenhaus. Und eines Tages fuhr er mit anderen Waisenkindern auf einem Schiff nach Deutschland und kam in ein Kinderheim hier in unserer Stadt.

Dort sahen ihn Fratzers. Sie hatten ihn gleich so lieb, dass sie ihn mit zu sich nach Hause nahmen und später adoptierten. Fratzers haben keine eigenen Kinder. So ist Dang ihr Kind geworden. Er sagt Papa und Mama zu Herrn und Frau Fratzer und ist ebenso gut deutsch wie jedes andere Kind in der Straße.

Von Vietnam und vom Krieg weiß er nichts mehr. Nur nachts hat er manchmal schlimme Träume. Dann schlägt er um sich und schreit. Aber am Morgen hat er alles vergessen und ist wieder vergnügt.

Als Frau Timm nach den Herbstferien anfing mit der Klasse ein Krippenspiel einzuüben, wollte Dang unbedingt den Verkündigungsengel spielen. Der Verkündigungsengel – das ist der, der den Hirten auf dem Feld die Geburt des Jesuskindes verkündet. Die ganze Klasse lachte, als Dang sich dafür meldete. Und Marion Holzapfel, die unter allen Umständen selber den Engel spielen wollte, rief:

„Quatsch! Ein Junge kann doch kein Engel sein!"

„Kann der doch!", antwortete Dang eigensinnig. „Schließlich heißt es *der* Engel!"

Und am anderen Tag kam er an und verkündete:

„Mein Papa sagt, in der Bibel sind die Engel überhaupt immer nur Männer und haben Männernamen."

„Aber sie sehen nicht vietnamesisch aus!", rief Marion. „Sie haben helle blonde Haare und eine liebliche Stimme."

Das mit der Stimme sagte sie, weil Dang eine rauhe, brummelige Stimme hat.

Aber am nächsten Tag meldete sich Dang wieder und erklärte:

„Mein Papa sagt, in den biblischen Geschichten steht gar nichts davon, wie Engel aussehen und was sie für Stimmen haben."

„Das stimmt", gab Frau Timm zu. „Da hat dein Papa Recht."

Und um die Sache endlich zu entscheiden, machte sie zwei Loszettel – einen leeren und einen, auf dem „Engel" stand. Sie ließ Dang und Marion ziehen. Und es war Dang, der gewann. Marion

123

zog den leeren Zettel und sollte bei den himmlischen Heerscharen mitsingen, weil sie eine liebliche Stimme hat. Sie war so enttäuscht! Dang aber war der eifrigste Verkündigungsengel, der jemals in der Kirche herumgeschwebt war. Ja, es sah wirklich fast so aus, als ob er schwebte, wenn er in dem weißen Gewand, das seine Mutter ihm genäht hatte, hinter dem Altar hervortrat und mit hochgereckten Armen die himmlische Botschaft verkündete.

Doch eines Tages kam er zur Probe und hatte den linken Arm in Gips. Stellt euch vor, er hatte heimlich vom Garagendach aus „Fliegen" geübt, weil er dachte, es wäre nützlich für einen Engel, wenn er wenigstens ein ganz klein wenig fliegen konnte. Leider war er bei der Landung so ungeschickt aufgekommen, dass er sich den Arm gebrochen hatte.

Frau Timm hörte sich die Geschichte an und schüttelte bekümmert den Kopf.

„Ich kann mir ja wirklich alle Arten von Engeln vorstellen", sagte sie, „Jungen und Mädchen, schwarz oder weiß oder vietnamesisch. Aber einen Engel mit einem Gipsarm? Wie willst du denn nun die Arme ausbreiten, wenn du den Hirten die Botschaft verkündest?"

Marion Holzapfel kam herbeigestürzt und rief:

„Jetzt kann Dang nicht mehr der Engel sein, nicht wahr, er kann kein Engel mehr sein?"

Aber Dang schob sie zur Seite und sagte zu Frau Timm:

„Mein Papa sagt, es kommt nicht darauf an, ob ein Engel die Arme ausbreiten kann oder nicht. Es kommt auf die Botschaft an. Und die kann ich ja sagen!"

Und er riss den Mund auf und ließ die Backenmuskeln spielen, damit jeder sehen konnte, wie gut sein Mund in Ordnung war.

Frau Timm seufzte.

„Na schön", sagte sie. „Aber pass gut auf, dass du dir bis zur Aufführung nicht noch einen Zahn herausbrichst."

Das versprach Dang.

So geschah es, dass in diesem Jahr der Verkündigungsengel schwarze struppige Haare hatte, vietnamesisch aussah und den rechten Arm in der Schlinge trug. Die Leute, die am Heiligen Abend in die Kirche kamen und sich das Krippenspiel anschauten, wunderten sich ein wenig darüber. Manche dachten wohl, es sei noch gar nicht der richtige Verkündigungsengel. Aber dann erhob er seine Stimme und sagte:

„Fürchtet euch nicht! Siehe, ich verkünde euch große Freude, die allem Volk widerfahren wird; denn euch ist heute der Heiland geboren, welcher ist Christus, der Herr, in der Stadt Davids."

Da begriffen die Leute, dass alles seine Richtigkeit hatte.

Renate Schupp

125

Quellenverzeichnis

Ursel Scheffler, *Der Stern von Knethlehem*, aus: dies., Adventskalendergeschichten. © 1995 Verlag Herder, Freiburg.

Margret Rettich, *Die neugierige Geschichte*, aus: dies., Wirklich wahre Weihnachtsgeschichten. © 1979 Annette Betz Verlag, Wien – München.

Lene Mayer-Skumanz, *Weihnachtsgeschenke*, aus: Dirnbeck / Mayer-Skumanz, Der Engel Blasius. © Lene Mayer-Skumanz.

Barbara Cratzius, *Ein Weihnachtsbäumchen mit Turnschuhen*, aus: dies., Es weihnachtet sehr. © Barbara Cratzius.

Tilde Michels, *Als die Großmutter mit dem Nikolaus sprach*, aus: Berta Hofberger (Hrsg.), Der Stern am Brunnen. © 1967 Ehrenwirth-Verlag, München.

Ursel Scheffler, *Weihnachtsbrief an Oma*, aus: dies., Adventskalendergeschichten. © 1995 Verlag Herder, Freiburg.

Kirsten Boie, *Weihnachtsgeheimnisse*, aus: dies., Alles ganz wunderbar weihnachtlich. © 1992 Verlag Friedrich Oetinger GmbH, Hamburg.

Iskender Gider, *Wir warten auf den Weihnachtsmann*. © 1988 Michael Neugebauer Verlag, Gossau.

Gudrun Pausewang, *Der Weihnachtsmann im Kittchen*, aus: dies., Der Weihnachtsmann im Kittchen. © 1995 Ravensburger Buchverlag, Ravensburg.

Ingrid Uebe, *Das Lied der Krähen*, aus: dies., Der kleine Brüllbär feiert Weihnachten. © 1992 Ravensburger Buchverlag, Ravensburg.

Helga R. Rossmeisl, *Zu Weihnachten wünsche ich mir einen Weihnachtsmann*, aus: dies., Unser großes Weihnachtsbuch. © 1980 Schwager & Steinlein GmbH, Fürth/Bayern.

Hisako Aoki, *Die Weihnachtsgeschichte erzählt vom Weihnachtsmann*, aus: ders., Die Weihnachtsgeschichte erzählt vom Weihnachtsmann. © 1982 Michael Neugebauer Verlag, Gossau.

Anne Steinwart, *Joscha wartet auf Schnee*. © Anne Steinwart.

Ingrid Uebe, *Noch ein bisschen Geduld!*, aus: dies., Der kleine Brüllbär feiert Weihnachten. © 1992 Ravensburger Buchverlag, Ravensburg.

Renate Welsh, *Lisa und ihr Tannenbaum*, aus: Mary Rahn / Renate Welsh, Lisa und ihr Tannenbaum. Illustrationen von Irmgard Eberhard. © 1985 Ravensburger Buchverlag, Ravensburg.

Ursel Scheffler, *Karolins Wunschzettel*, aus: dies., Adventskalendergeschichten. © 1995 Verlag Herder, Freiburg.

Barbara Cratzius, *Von Apfelkern und Spinnwebstern*. © Barbara Cratzius.

Margret Rettich, *Die Engelgeschichte*, aus: dies., Wirklich wahre Weihnachtsgeschichten. © 1979 Annette Betz Verlag, Wien – München.

Kirsten Boie, *Ein Geschenk für Mama und Papa* (Überschrift von der Herausgeberin), aus: dies., Alles ganz wunderbar weihnachtlich. © 1992 Verlag Friedrich Oetinger GmbH, Hamburg.

Doris Jannausch, *Engel ohne Flügel*, aus: Steffi Baum (Hrsg.), Alle Jahre wieder. © Doris Jannausch.